雨でも晴れでも「繊細さん」

HSP専門カウンセラー
武田友紀

幻冬舎

雨でも晴れでも「繊細さん」

装画／挿絵　武田友紀
ブックデザイン　駒井和彬（こまゐ図考室）

はじめに

はじめまして、ＨＳＰ専門カウンセラーの武田友紀と申します。

この本は、ＨＳＰの方々から仕事や人間関係のご相談を受けるカウンセラーであり、自身もＨＳＰである私が、繊細な感性と一緒に生きる様子を描いたエッセイです。

ＨＳＰ（Highly Sensitive Person）は「とても繊細な人」のことで、アメリカの心理学者エレイン・アーロン博士が提唱した概念です。まわりの人が気づかない小さなことにもよく気づき、深く考えます。アーロン博士によると、５人に１人がＨＳＰなのだそうです。

ＨＳＰは日本では「とても敏感な人」「敏感すぎる人」と訳されていますが、私は親しみを込めて「繊細さん」と呼んでいます。

ひといちばいたくさんのことを感じ、深く考え、味わう。

大変な面もあるけれど、私は、繊細な気質がとても好きです。

晴れた日はそれだけで嬉しくなったり、カフェの店員さんのちょっとした笑顔にじーんとしたり。

繊細な感性を通して、毎日の小さな「いいこと」にもよく気づき、全身でめいっぱい味わえます。繊細さは、幸せを感じるための大切な感性だと思っています。

私はこれまでHSP専門カウンセラーとして、繊細さん向けのノウハウを書いてきました。なかでも、繊細さんが元気に生きるコツをまとめた『「繊細さん」の本』(飛鳥新社)はベストセラーとなり、たくさんの方が手にとってくださったのですが、HSPがテレビや雑誌で紹介され、広く知られるにつれ、ノウハウではないところで繊細さの良さを伝えられたらいいなと思うようになりました。

というのも、なんていうんでしょうか。

自分を良くし続けることって、大変だと思うんです。

ノウハウはどうしても「こういうときはこうしたらいいよ」という形なので、現状を改善するニュアンスになります。でも、人生には思いもよらないことが起こりますし、息切れして「ちょっと休みたいわ」「いまノウハウを読むのはしんどいわ」というときもありますよね。

私も「今は前に進めないよ、休みたいよ……」と思ったことが何度もあります。

そんなとき、ただほっとできる文章があったらなと思ったのです。

ノウハウがお皿に整然と盛られた「お蕎麦」だとしたら、このエッセイでお届けしたいのは「蕎麦湯」です。

あたたかくてとろっとした蕎麦湯に、香りやぬくもり、蕎麦らしさが詰まっているように、日々のエッセイを通して、繊細さへのあたたかな気持ち、大丈夫だよということを伝えられたなら。

がっつりノウハウを読みたいわけじゃない。

でも、ちょっと役に立って、ほっとくつろげる話を聞きたい――。

夜に聴くラジオのようなお話を、お届けします。

はじめに　3

第1章　繊細な感性で、心と体を感じる

幸せを感じるには「自分」と「世界」の両方が大切　12
フキの煮物で人間に戻る　16
単純作業は、自分とつながる大事な時間　21
人の気持ちはわからない。それはとても自由なこと　25
ゆるむことで、存在からの愛を受け取れる　32
空白の時間が必要だった　37
繊細さが好き。その人自身でいる気持ちよさ　43
丁寧な空間でひとやすみ　48
コラム　「繊細さん」とは？　55

第2章 心の声に耳を澄ませ、幸せの流れを作る

感性を育てる（1）野生の勘。動物としての体感覚に耳を澄ませる 64
感性を育てる（2）小さなささやき声を見守る 71
カフェに寝室、環境から力をもらって働く 77
幸せの流れを作る。仕事の依頼を断った話 82
うまくいくこと、いかないこと。集合的無意識の流れに乗ってどんぶらこ 90
そんなにたくさんのことはできない 97
今と未来のために、できることをコツコツと 102
憧れて進む。未来は先ゆく人がみせてくれる 106
「いい人」「悪い人」なんていない（1）あいまいさに耐える力 116
「いい人」「悪い人」なんていない（2）白黒の人間関係を抜け出す 121
コラム 繊細さと神経質のちがい 128

第3章 より深く自分とつながり、人や社会に出会う

色気と秘密の匂い。真面目という防御を解いて 136
なんにもないけど、いい一日 142
「わたし」であることを望まれて、わたしになった 149
ポンコツな自分と一緒にいよう 155
アナログな手仕事、あたたかい記憶 162
「言葉が伝わる」ということ（1）繊細さんたちとの出会い 166
「言葉が伝わる」ということ（2）コミュニケーションのちがいを超えて 174
成長の木。「人間とはこういうもの」という枠を超えていく 179
コラム 「私は繊細さんなのかしら？」と疑問に思ったら 186

第4章 変化のあとに、新しい未来がみえてくる

幸せに仕事して、幸せに暮らしていよう 192

人生の主導権を取り戻す　196

ゴッホのひまわり。心に深く潜って人々とつながる　201

心を映すもの（1）シェルターであり、光でもあった表現手段　208

心を映すもの（2）逃げ場なのか、メインステージなのか　211

心を映すもの（3）誰のために、なんのために書くのか　214

魅力を発揮する（1）相反する2つにOKを出す　217

魅力を発揮する（2）「ふつう」から外れた先で、人々と出会う　221

大切にすることは、大切にされること　224

思い出がかおる　229

コラム　本音の見分け方　234

おわりに　242

第1章

繊細な感性で、心と体を感じる

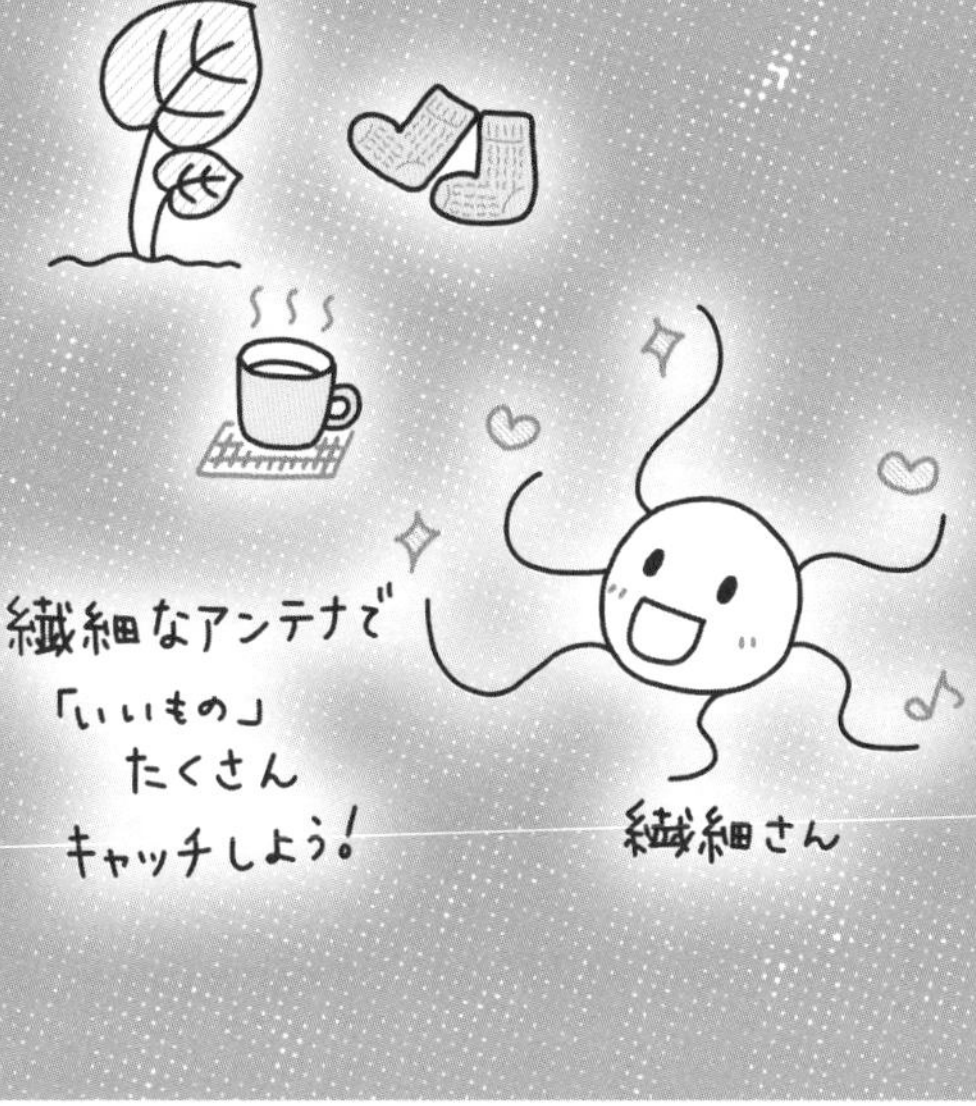
繊細なアンテナで
「いいもの」
たくさん
キャッチしよう!
繊細さん

幸せを感じるには「自分」と「世界」の両方が大切

昨年の冬頃、「幸せ」について考えていました。「繊細さんの幸せを増やすにはどうしたらいいのか」という本を書けることになり、改めて幸せに意識を向けていたのです。


幸せってなんだろう?

幸せを感じながら生きるってどういうことだろう。


そんな問いをぽんと自分の中に投げ込み、文章や図を書きながら、相談者さんや自分自身の歩みを振り返っていました。

心理学の本も読みますが、あくまで横目でみる程度です。心理学の中に答えがあるわけではないからです。

本に書いてあることは先人《せんじん》の発見です。自分が実際に体験したことではないので、たとえ「幸せとは」の答えが書いてあり、私がそれを書き写したとしても、実感のこもった言葉には——心を揺さぶる力を持った言葉には——ならないのです。

自分の中に問いを放り込んで、うんうん考え、考えてもわからないなと思ったら、眠ったりお散歩したりと体に任《まか》せます。すると、ぽん！　とヒントが出てきます。

そうやって気づいたこと。

幸せを感じて生きるには、ふたつの要素がありますね。

ひとつめは、自分が、幸せを感じられる状態にあること。

ふたつめは、自分にとっての「いいもの」がまわりにあることです。

文字にすればごく当たり前のことなのですが、「幸せには自分と世界の両方が必要なんだ！」ということは、私にとって大発見でした。

相談業をしていると、心次第で現実が動いていくさまを、しばしば目《ま》の当たりにします。

上司と相性が合わずに悩んでいた方が、プライベートでやりたいことを始めたら、上司のやりかたを「まぁいいか」と思えるようになったり。

「仕事を辞めたいけれど辞められない」と何年も悩んでいた方が、「自分は自分でいいんだ」と思えたことで、転職を決断できたり。

心ひとつで現実が変わる様子をみるうちに、つい「大変な状況でも、心次第でどうにかなるのでは」と、ストイックな見方になってしまうのです。

でも、「心ひとつでどうにかなる」のは、あくまでひとつのケースですよね。

気の合う人と一緒にいるのは嬉しいし、合わない人とずっと一緒なのは苦しい。素敵な空間に行けば心が躍るし、ごちゃっと荒れた部屋にいれば、なんだか落ち着かない。

環境からの影響は確実にあるのです。

心ひとつでどうにでもなる、つまり「まわりの環境や人間がどんなにひどいものでも、心が満たされ、平穏でいられる」というのは、理想――叶えるのが難しいからこその理想――なのだと思います。悟《さと》りの境地とはそのようなものだろうと推察します。
我々はブッダではないのだから、「心ひとつでどうにでもなる」には、まだまだ道半《なか》ば。心のありようも大切だけど、それと同じくらい、身のまわりに「いいもの」があることも大切なのですね。

小さなことだけど、このあいだ、ふかふかの靴下を買ったんです。

冬に向けて、雪のように真っ白で、ふっくら編まれた靴下。

これまでは3足まとめていくらの靴下を買っていて、それでも物理的には足りているんだけど「いい靴下って、いいな」と思って。

セーターみたいな靴下を履いたとき、なめらかな触感と、歩くたびにフカッとする歩き心地に心が浮き立ちました。

部屋で一歩踏み出すたびに、まるでそこだけお布団みたいに、ふかふかと受け止められる。つま先から大切にされている感じがしたのです。

靴下だけど、おしゃれ着洗いにするぐらい大事にしていて、ベランダに干すときも部屋にとりこむときも、ハンガーピンチに揺れているのをみては「大切にしたいな」という気持ちになります。
朝、身支度をしながら「今日はあの靴下にしよう」と思うたびに、心がまるくなる。

幸せに生きるって、心ひとつじゃなくってさ。物に助けてもらっていいんだよ。いいものは手にしたらいいんだよ。と、冬の靴下に思いました。

※このとき書いた本は、『「繊細さん」の幸せリスト』（ダイヤモンド社）として刊行されました。

フキの煮物で人間に戻る

カウンセラーになる前、会社員だった頃。雑誌のページに小さく載っていた「秋の夜長《よなが》に瓶を煮沸《しゃふつ》する」という言葉に、ぽかんとしました。

ナチュラル系の雑誌で、後半のモノクロページに「季節の手仕事コーナー」があり、「春の終わりにはいちごでジャムを作り、秋には保存食作りにそなえて、鍋でコトコト瓶を煮沸する」といった内容が書かれていました。

当時の私はメーカーに入社して3年目。残業続きで、パソコンに向かったまま食べるカロリーメイトが晩ごはんでした。

オフィス机の引き出しには買いだめした黄色い小箱が5、6個並び、「今日は何味にしよう？」と選ぶのがささやかな楽しみ。チョコ味の日は、ちょっと嬉しいごほうび気分。

そんな毎日を過ごしていた私にとって、「秋の夜長に瓶を煮沸する」という行為は、ファンタジーでした。

——雑誌って、ありえないことを堂々と書くんだなぁ……。

ジャム作りや瓶の煮沸、パッチワークのソファカバー。

手仕事のある暮らしを「現実には起こりえないこと」と呆《あき》れたけれど、心の奥では衝撃を受けたのだと思います。

1歳年上の姉に電話して「ねぇ、雑誌にこんなことが書いてあってさ。これってファンタジーだよね」と話し、ふたりして「いやー、そんな生活ありえないよね」と、笑ったことを覚えています。


あの日から何年もたち、いま、私はせっせと瓶を煮沸しています。八百屋さんで梅の実を選んで梅ジュースを作り、らっきょやピクルスを漬ける。手縫いでザクザクとクッションカバーを作る。手仕事が生活の中にあらわれたのです。


手仕事が現実になったのは、会社を辞めてフリーランスになり、夫のつりーさんと一緒に暮らすようになってからです。

晩ごはんをカロリーメイトで済ませるほど「合理的」だった私は、フリーランスになっても料理を憎んでいました。「作る時間に対して、食べるのはあっという間。なんて効率が悪いんだろう」と思っていたのです。

つりーさんと暮らし始めて、彼が料理を、私が掃除を担当することになったのですが、ある朝、食卓にフキの煮物が出てきて、ぎょっとしました。

家は築50年になる古いマンションで小さな庭があり、昔の住人が植えたのだろう柿の木やツツジが育っています。

庭にフキが生えていることは知っていましたが、それを収穫して塩もみし、一本一本筋《すじ》をとって煮物にする……。

その作業は途方もない道のりに思えて、

「ねぇ……、なんでそんなに手間のかかることをするの？」

と、本当に意味がわからなかったのです。

でも、カツオで出汁《だし》をとって煮られたフキは、澄んだ味がしておいしかったです。

ひょいひょいとドレッシングや鶏の照り焼きを作るつりーさんと暮らすうちに、私も「あれ？　料理ってもしかしたらそんなに大変じゃないのかも」と思うようになりました。

つりーさんに材料を聞いてドレッシングを作ったり（オリーブオイルとお酢、砂糖、塩を瓶に入れてシャカシャカ振るだけ）、野菜をごろごろ切って塩をふり、ほんの少し水をいれて無水調理鍋《ストウブ》でひたすら弱火にかけたり（「重ね煮」という野菜のうまみを引き出す調理法で、味つけしなくてもそのままでおいしいです）。

みようみまねで料理をするうちに、私も季節の手仕事を好むようになりました。ハサミを手に庭のフキを収穫し、一本一本筋をとる時間は、今ではお気に入りの時間です。

カウンセラーとして働く中で身体感覚を取り戻し、信頼するようになったことも大きかったです。

ずっとパソコンに向かっていると、体の輪郭《りんかく》が薄れていく気がします。自分がどんどんバーチャルな存在になっていくというか、リアルな体感覚が失われて、ぽっかり頭だけの存在になる気がする。

そんなときにも、単純作業をすることで五感が戻ってくるのです。

瑞々《みずみず》しいさやいんげんの端をプツッと折ってジーッと筋をとったり、山盛りのらっきょを洗ってひとつひとつ皮をむき「洗いたてはつるつるだけど、時間がたつにつれてベタベタしてくるなぁ」と指先の感触を感じたり。

手先を動かしていると頭がすーっと鎮《しず》まって、体の中心に自分が戻ってくる心地がします。

手触りや匂いなど、五感に身をゆだねることで、地に足がつく。

単純作業が私を人間に戻してくれる気がして、せっせとらっきょの皮をむいています。

単純作業は、自分とつながる大事な時間

時間のあるときだけではなく、忙しいときや心が揺れたときにも、なるべく手仕事をしています。

らっきょも梅も季節を過ぎて手仕事がみつからないときは、バスタオルに刺繍《ししゅう》をしたり、それもなければただ野菜を切って鍋にしたり、庭の雑草を抜いたり。

イライラしたとき、一心にお風呂掃除をしたり、床の水拭きをしたりしてスッキリし

た経験のある方もいらっしゃるかもしれませんね。単調な手仕事には、心を穏やかにし、落ち着かせる作用があるのです。

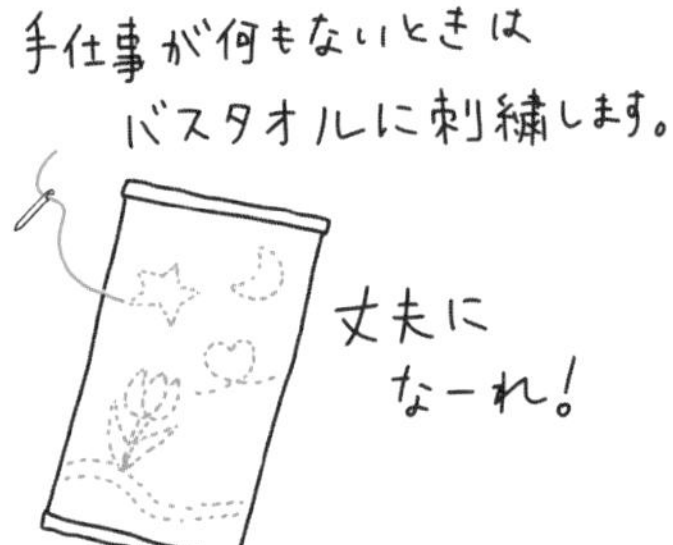
手仕事が何もないときは
バスタオルに刺繍します。
丈夫に
なーれ!

繊細さんから仕事のご相談をいただいて「業務の中で好きな時間はありますか?」と質問すると、「経費伝票をダダダダッとひたすら入力していくのが好き」「案内状を封筒詰めしていくのが好き」などの答えが返ってくることがあります。

深く集中する時間は心理学で「ゾーン」「フロー」と呼ばれるもので、人間が幸せを感じる時間のひとつ。単純作業はフローに入りやすいのです。

職場での単純作業は自動化されたりアウトソーシングされたりと効率化の対象になりがちですが、人間にとっては「集中するいい時間」でもあるのです。

精神科医の泉谷閑示《いずみやかんじ》先生は、人間を「頭」「心・身体」に分けて解説しています。「頭」は理性の場で、なんでもコントロールしたがる傾向にあり「〜すべき」「〜してはいけない」という言い方をする。過去を分析し、未来やここ以外の場所をシミュレートするのが得意。

「心」は感情や欲求、感覚（直観《ちょっかん》）の場であり、「今・ここ」に焦点をあてて「〜したい」「〜したくない」「好き」「嫌い」などの言葉を使う。

「心」と「身体」は一心同体につながっていて、頭が心に対してフタをしてしまうと、頭に聞き入れられなかった心の声が症状として身体にあらわれる、というのです（泉谷閑示著『「普通がいい」という病』より要約）。

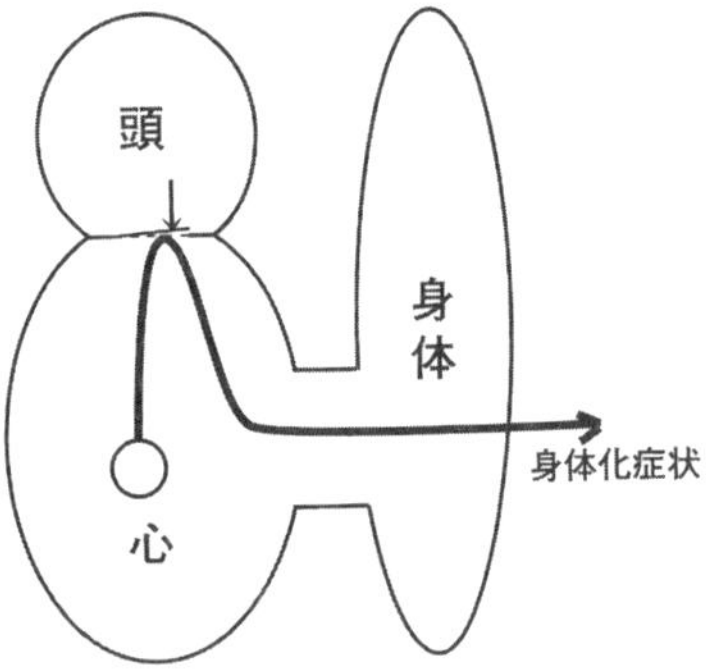

泉谷閑示著
『クスリに頼らなくても「うつ」は治る』
P.28図3

忙しく生きていると忘れがちになりますが、人間は頭だけで動いているのではなく、心と体があるのですね。

今・ここの幸せを感じるのは頭ではなく、心と体。体を使わず、頭で忙しく「考える」ばかりでは、むしろ自分自身とつながる機会が失われてしまいます。

仕事も家事も効率化といわれ、手仕事はともすると「買ったほうが早い」「無駄な時間」と追いやられがちだけど、人間らしく生きようと思ったら、むしろ黙々と手を動かす時間が必要なのです。

私は、洗濯物をたたむ時間をひそかに楽しみにしています。

忙しい日が続いてソファに洗濯物が山積みになると、「部屋が荒れてきた。片付けたい！」と思うのですが、同時にちょっとだけムフフ。

大量のタオルをぽんぽんたたんでいるあいだに、あれやこれやと頭に浮かんでいる考えがあるべきところへ収まり、心が整っていく気がしています。

人の気持ちはわからない。それはとても自由なこと

相談業を通して学んだことはたくさんあるのですが、特に知って良かったのは、「人

の気持ちはわからない」ということです。

繊細さん向けのカウンセリングを始めた頃、「相手の気持ちがわかるから、それがしんどい」とご相談いただくことがありました。

「上司がこう答えてほしいって思ってるのがわかるから、意見を言いづらい」

「友達がこう思ってるだろうなってわかるから、しんどい」

などです。

たしかに繊細さんは、相手の表情や声のトーンなど、ささいな変化をキャッチします。

でも、その「わかる」はどこまで当たっているのだろう？

たとえば、「同僚が目立ちたがり屋で、なにかにつけ注目してほしいと思ってるのがわかる」というご相談があるとします。ふむふむなるほど……とお話を伺っていると、実は相談者さん自身が「注目してほしい」と思っている、ということがあるのです。

これは投影と呼ばれるもので、本当は自分が思っていることなのに、まるで相手がそう思っているかのように感じられる現象です。

「あの人はこう思ってるんだろう」と思ったとき、それは投影の可能性もあるのです。

そんな中、繊細な友人が「あの人こう思ってるなってわかるから、しんどい」と言い出しました。

「友人よ、お前もか」と内心ツッコミ、「実際にはどこまでわかるんだろう?」と、こっそり実験。

ランチでおしゃべりしながら、頭の中で思い切り友人の悪口を言ってみたのです。

ところが、当の友人は楽しそうに目の前で話し続けています。


「相手の気持ちがわかるって言うけど、頭の中身は読めないいんだ!」


文字にすれば当たり前の話なのですが、当時の私にとっては衝撃的でした。なぜなら私もまた「相手の気持ちがなんとなくわかる」と思って生きていたからです。

先ほど投影の話をしましたが、その頃「相手の気持ちがわかる」という相談がやたらと耳に入ってきたのは、その悩みを私自身も抱えていたからです。

「相手の気持ちがなんとなくわかる」と思うからこそ、「きっとこう思っているんだろう」と予測で動いてばかりで、「ねぇ、実際はどう思ってるの?」と相手に確かめてこなかった。

自分の「わかる」がどこまで当たっているのか、検証してこなかったのです。

友人とのランチのあとも、相手の気持ちはどこまでわかるのか確認を続けました。

繊細さんのお話し会（交流会）で、参加者さんに
「みなさん、相手の気持ちってどこまでわかります？　何割ぐらい当たるか確かめたことはありますか？」

とヒアリングしてみると、10年間一緒にいるというご夫婦（参加者さんが繊細さん、パートナーが非・繊細さん）でも
「8割ぐらいしか当たらない。怒ってるのかなと思ったら眠いだけだった」

とおっしゃっていたり、自分もパートナーも両方繊細さんだという参加者さんから
「察してよと思っているときはうまくいかなかった。言葉で伝えるようになってからうまくいくようになった」

というお話があったり。

繊細さん向けのセミナーを開催したとき、参加者のひとりにメモをみせて（「今日あっ

たいいことを思い浮かべてください」あるいは「今日の朝ごはんはなんでしたか?」など)、「みなさん、彼女が今、なにを考えているか当てられますか。彼女がどんな感情かはわかりますか」

とミニゲームをしたこともあります。

プライベートでは、夫が怒っているようにみえたときに「ねぇ、怒ってる? もしかして私があまりに料理をしないから?」と恐る恐る確かめたりしました(結果はハズレで、彼が怒っていたのは、彼自身の仕事のことでした)。

確かめれば確かめるほど、「相手の気持ちは正確にはわからない」のです。

怒っているのか喜んでいるのか、という感情まではそれなりに読み取れるけど、「なにを考えているのか」あるいは「なぜ今怒っているのか」といった頭の中身まではわからない。

そう知ることで、とても自由になったのです。

人間は、自分と相手をどこか同じものとして認識しているのだと思います。

ちょっと突飛《とっぴ》に感じられるかもしれませんが、「相手の気持ちがわかる」と思っている人は「自分の気持ちも相手にわかられてしまう」と思っている。

「あの人は私の気持ちなんて全然わかってくれない！」と怒る方もいるでしょうけれど、それも「わかってくれるはず」という前提があって、その前提が守られないから怒っているんですよね。


それまで私は「相手を悪く思っちゃいけない」と思っていたんですね。だって悪く思ったら、相手にもそれが伝わってしまうだろうから。

でも、どうやら頭の中身まではバレないぞと知った。それによって——これを書くのはどうなのと思いますが——頭の中で自由に相手の悪口を言えるようになりました。

たとえば、友人とのおしゃべりでも「話、長いなぁ！」と思えるように。

気持ちを表に出すかどうかは別問題ですが、相手に対するイヤな気持ちやツッコミを、自分の中では抑《おさ》えなくて良くなった。

すると、びっくりするほど人間関係がラクなのです。

「友達が楽しそうに話してるのに、話が長いなんて思っちゃいけない」と自由な気持ちを否定すると、「最後までしっかり聞かなきゃ」となってヘトヘトになりますが、「話、長いなぁ！」と思えるようになると「ところでさ」と話題を変えたり、「その話、もうおなかいっぱいだよ」と笑って伝えられました。

「寒い」と感じられるからエアコンの温度を調整できるように、「これはイヤだな」と自由に感じられるから、その先の選択ができるのですね。

相手の気持ちはわからない。
だから、知りたいときには聞いたらいいんだ。

自分の気持ちも、相手にすべてがわかられることはない。
だから、遠慮せずに自由に考えていい。
もしも相手に知ってほしかったら、口に出して伝えたらいいんだ。

そう思えたことは、まるで生まれて初めて思想の自由を手に入れたような、とても自由で力強い感覚でした。

ゆるむことで、存在からの愛を受け取れる

ふわりとゆるんだり、ぎゅっと集中したり。

朝咲いて夜閉じる花のように、ゆるみと集中を繰り返しながら生きています。

ブログや原稿という形で8年ほど文章を書いているのですが、「心とつながって書く」ことを意識し始めてから、いかに「ゆるめるか」に注目するようになりました。

心と体を整えて、湖の底に目をこらすように、内面にじっと意識を向ける。

頭で考えてひねり出すのではなく、心の奥深いところとつながって、本当に思っていることや感じていることを汲《く》み出してくる。

そうやって書くことで手触りのある言葉が生まれ、読み手が「ああ、そうだよねぇ」

と静かにうなずくような、心の深いところがつながるコミュニケーションができる気がします。

私もまだまだ訓練中なのですが、そうして心を表現するときには余裕のなさが大敵です。

「メールに返事しなきゃ」「夜11時までにブログをUPしたい」などと慌てていると、体が緊張し、意識が外に向いて、内面とつながれなくなってしまうのです。

先日も、心に潜りたいのに潜れず、ダイバーが浅瀬でバタバタもがくような状態になりまして、こりゃまずい、ゆるめなくては！　とヨガへ行ってきました。

緑のみえる広々としたスタジオで、先生の声かけにならって、じっくりゆっくり体をストレッチ。背骨をねじったりぐーっと脇腹を伸ばしたりと体を動かすうちに、呼吸がだんだん深まっていきます。

40分ほどかけて体をほぐし、最後のクールダウンの時間。

あおむけにヨガマットへ横たわり、目を閉じて呼吸していると、ＢＧＭがクラシックへ変わり、トーンと一音、ピアノの音がスタジオに響きました。

ひとり宇宙を漂《ただよ》うような音色に、すーっと涙が出てきました。

ヨガを始めて9年くらいですが、涙が出るなんて初めてです。

心と体がゆるんだ状態で共鳴するものに出会うと、すっと届く。

ゆるむことで受け取れるのだと思いました。


私はカウンセラーになる前、メーカーで会社員をしていたのですが、夜中の12時まで働いて朝7時に家を出るという生活が続いて休職した経験があります。

食べていくために無理やり復職したのですが、働くことも人と一緒にいることも怖くて、会社へ行くだけで直《じか》に傷口に触れられるような恐ろしさがありました。


本当は、誰かに話せたら良かったのだと思います。気持ちを打ち明けて「大変だったね」と、つらさの一端に触れてもらえたら。

でも、人が怖くて、誰かに話すという発想もなかなか浮かばなかった。ごく少数の親しい人に対しても、話を聞いてもらうのは負担になることだと思っていました。

そんな状態にあって、ひとり音楽を聴いていました。

一方通行で届く音楽なら相手に負担をかけることもなく、自分がつらければ止めることができる。

優しい歌声は、かろうじて手を伸ばせる、人のぬくもりでした。


夜にベッドで音楽を聴いて、泣きながら眠る日々。

歌声になぐさめられながらも、不思議でした。

毎晩のように聴いていたそのアーティストは、私のことを知らない。ライブに行ったことはあるけれど、何万人の観客の中のひとりです。彼らは私の顔も名前も知らないし、この世に存在していることさえ知らない。

それでも、優しくされている感じがしたのです。


誰かが遠くで歌った歌や、晴れた青空の下でみた桜や、河原の水音。

優しいものや美しい風景に、心を助けられてきました。

自分宛てのなぐさめではなくても、この世に存在するものに、ダイレクトに癒やされることがある。

そんなことを身をもって知ったのです。


歌や童話で、愛は太陽にたとえられますね。

それはきっと本当なのだと思います。

自分だけに向けられたものではなくても、あたたかさは彼方《かなた》から降りそそぎ、分け隔《へだ》てなくあたためてくれる。

この世に存在するものたちが発する、穏やかな愛。それは、安心できる状況にいて初めて感じられるものなのかもしれません。


ひとりが安心できるときには、ひとりで。

誰かといたいと思えたら、誰かと。


花はいつも咲いていて、音楽もそこにあるのだけれど、

「大丈夫」の鎧《よろい》を脱いで、心が震えてもいい場所にいて初めて、

存在からの愛を受け取れるのだと思います。

空白の時間が必要だった

とりとめなく考えが流れていく、空白の時間が必要だと気づいた話です。

秋に新刊（『「繊細さん」の知恵袋』）を出したあと、緊張が続いていました。小さくキュッと肩が上がり、うまく眠れない。

繊細さんは感じる力が強いぶん、日頃のインプットが多いです。なので、ノートに気持ちを書いたり、歌ったり、人と話したりとアウトプットするのがおすすめなのですが、この秋はどうもアウトプットに気乗りしなかったのです。

友達と話したいわけでもないし、気持ちがそわそわし通しでノートに書き出すこともできない。仕事に一区切りつくといつも断捨離したくなるのですが、こんまりさんに習って洋服や本を「ときめくもの」だけ選ぼうとしても、直感が曇っていて選べなさそう……。

どれもこれもちがう、という気分になって「あれ、なんだか全然落ち着かない。何がしたいんだろう？」と思っていました。

そんな日が20日ほど続いて（長いですね）、洗濯物をたたんだとき、胸のあたりに小さくほっとした感触が生まれました。

ふだんはYouTubeや海外ドラマなど、なにか動画を見ながら家事をするのですが、そのときはたまたまなにもつけていなくて。その状態でほっとしたことに、「インプットはもう終わりだ」と悟りました。

ここ数ヶ月あびるように本を読んでいたけれど、どうやら情報を入れすぎたみたいだ、と。

こりゃ、ただ手を動かすのがいいんだな。

音楽や動画もすべてオフにして。

そう思い、クローゼットを開けて、北欧の白樺《しらかば》風バスケットが作れる手芸キットを取り出しました。樹皮《じゅひ》風テープを編んでプラスチックの箱にはりつけて、バスケットみたいにリメイクしよう。

箱のサイズをはかり、ハサミでテープをジョキジョキ切って、縦、横、縦、横と編んでいきます。

隙間のあいた部分をギュッと詰めたり、両面テープで仮止めしたり。

目の前の作業にひたすら集中していると、とりとめなく考えが浮かんでは消えていきました。

これをコラムに書こうとか、いま仕事でプレッシャーがすごいけど、それはきっと先人も経験したことなんだろうな、とか……。

30分ほど作業したところで、娘の保育園のお迎えの時間。

いつもの道を歩いていると、背筋が真っ直ぐになっている気がしました。呼吸がしやすく、秋の冷たい空気が難なく体に入ってきます。歩くたびに、靴底でトットッとアスファルトを踏む感触。

なにもインプットせずにぼんやり過ごす時間が、最近とれてなかったなぁ。悩みや迷いはノートに書いたり表で整理したりと、意識的に「考える」ことはしていたけれど、とりとめなく考える時間——体にゆだねて頭を整理する時間——が、いつのまにかなくなっていたんだな。

体の作用を信頼し、ゆだねる。

このことを思うとき、私は村上春樹氏のエッセイを思い出します。

毎日1時間ほどランニングをしているという村上氏は、このように書いています。

——一人きりになりたいという思いは、常に変わらず僕の中に存在した。だから一日に一時間ばかり走り、そこに自分だけの沈黙の時間を確保することは、僕の精神衛生にとって重要な意味を持つ作業になった。

——走っているときにどんなことを考えるのかと、しばしば質問される。そういう質問をするのは、だいたいにおいて長い時間走った経験を持たない人々だ。（略）正直なところ、自分がこれまで走りながら何を考えてきたのか、ろくすっぽ思い出せない。

——僕は走りながら、ただ走っている。僕は原則的には空白の中を走っている。逆の言い方をすれば、空白を獲得するために走っている、ということかもしれない。

『走ることについて語るときに僕の語ること』（文藝春秋）P．31－32より引用

手芸でもお散歩でも、ランニングでも。

体を動かすうちに、とりとめなく考えが浮かんでは消えていく。その時間は、思考を

鎮め、本音とつながって生きるために必要な時間なのだと思います。

「私はどう感じているのか」「本当は何をしたいのか」といった本音は、海底のサンゴ礁のようなものです。

海が荒れて海中の塵《ちり》が舞えばサンゴ礁がみえなくなるように、動画やSNS、ネットニュースにメール……といった大量の情報が塵のように頭を舞っていては、本音がみえなくなってしまう。

眠っている間に記憶が整理されるといいますが、あるべきところへ情報を収めるのは、ノートに書き出すなどの意識的に「考える」だけでは追いつかない、体の働きなのでしょう。

そして空白の時間は、ただ空白として必要なのですね。

働く時間があり、子育ての時間があり、友人やパートナーと過ごす時間があるのと同じように、空白の時間がある。

慌ただしい日々の中で、自分らしい自分から離れる場面もあるけれど、空白の時間を味わうことで、本来の落ち着いた自分に戻ることができる。
空白の時間が、仕事、子育て、家族、趣味といった様々な時間の目地《めじ》となり、本来の自分を中心に、なだらかになじませてくれるのだと思います。

繊細さが好き。その人自身でいる気持ちよさ

夕焼けが始まる頃の空が好きです。夏なら夕方の六時、冬なら四時半ぐらい。
空はまだ青いけれど、太陽が沈み始め、街並みのあたりは橙《だいだい》色。
そんな時間に外を歩くと、幸せだなぁと思います。

いつもの道を歩いていたら、空にのんびりと飛行機が浮かんでいました。
夕陽に照らされて、飛行機のおなかが橙色。
東京だから自然は少ないけれど、ビルにも橙が映り込み、のどかな風景でした。

まわりの景色を味わったり、ちょっとした嬉しいことに気づけたり。

怒るべきところでは怒ったり。

幸せに生きるには、感性が開いて喜怒哀楽すべてがよく動き、自分が何を感じているのか、自分でわかることが大事だと思っています。

感じながら生きていけること、そのものが大事だと。


テレビや雑誌などで繊細さについて語ると、取材のまとめとして、

「繊細さは武器になるってことですよね」

と言われることがあります。

武器という言葉に私はうなずきかねて、一瞬言葉に詰まるのです。

繊細さは戦う道具ではないのだが……、繊細さを肯定する意図でそう言ってくれたのだろうし、私が言葉のニュアンスに厳しすぎるのだろうか。

「武器」という言葉はわかりやすくて便利だけれど、私はやはり人が生きる上で世界と敵対してほしくないのです。

なので、この対応でいいのかはわからないけど、修正を込めて「そうですね、強みになりますね」と返したりします。

しかし、「強み」もまた、道具としての意味合いですよね。

私は本当は、繊細さは道具として使うものではなく、ともに生きるものだと思っています。

たくさんのことを感じ、深く考え、味わう。

私は、繊細な気質がとても好きです。

カウンセリングを通して相談者さんの心に触れ、心っていいなぁ、あたたかいなと実感してきました。

「人間の心」と「繊細さ」は、かなりの部分が重なるように思います。

いいことも悪いことも、細やかに豊かに感じ取る。

ひとつひとつ深く考え、感じたことや考えたことを、体全体でめいっぱい味わう。

その中で、他者への思いやりが生まれる。

これはつまり「人間の心」なのではないでしょうか。

繊細さんか非・繊細さんかに関わらず、ほとんどの人にはあたたかい心がありますが、繊細さんたちは、人間を人間たらしめる「心」の部分が、とりわけきめ細やかで豊かである。私はそんなふうにとらえています。

こうした背景があるので、私は、

「繊細に生まれついたんだから、どうせなら繊細さを活かそう」

「繊細さを武器に生き抜こう」

というとらえ方ではなく、

「あたたかい心っていいよね。素敵だよね」

と思うのと同じ感覚で「繊細さって、いいよね」と思っています。

繊細さんであれ非・繊細さんであれ、自分を押し込めることなく、のびのびとその人自身でいられることって、すごくいいことだと思うんです。

自分自身でいると仕事で結果を出しやすくなりますが、それはあくまで二次的なもの。自分自身でいるというのは「他者からみた成果の話」ではなく、「自分自身でいられると、嬉しくて、自然と優しい気持ちになれるんだ」という、「自分からみた幸せの話」です。

繊細な心があるのは、繊細さんにとって、あるがままであるということ。

繊細さを大切にするのは役に立つからではなく、繊細さがその人の自然な姿の一部だからです。

咲く花をみて嬉しくなるように、夕焼けを美しいと思うように、繊細さを大切に思うのは、とても自然なことなのです。

丁寧な空間でひとやすみ

心が動かなくなったとき、息を吹き返しにいく場所があります。

本の読める店、フヅクエ。

おいしいごはんが食べられて、珈琲やお酒も豊富なお店だけど、「カフェ」と呼ぶにははばかられる。店主の阿久津さんが「本を読む場所がほしい」と作ったお店で、私語厳禁、パソコン不可、ペンのカチカチ音にもご配慮ください、という静寂が守られた場所です。


なんだかんだと働きづめで、久々に休みをとった秋の朝、ぬくぬくしたお布団を出たらフヅクエが頭に浮かびました。

ああ行きたいなぁ、これは行かなくちゃ。

買ったきりまだ開《ひら》けていない画集をリュックにつめて、小雨の中を出かけました。

電車を乗り継ぎ、フヅクエの下北沢店へ。

引き戸をくぐると店員さんが迎えてくれます。

バーのような分厚い木のカウンター、バブーシュ（羊革のスリッパ）、書棚に整然と並べられた本たち。

二階へ上がると、大きな窓から木と住宅街を見渡せます。肌寒い季節、お冷やの代わりにほんのりあたたかいお白湯《さゆ》が運ばれてきて、ほっと息をつきました。

どのくらい心とつながって生きているのか、人によってちがうのだと思います。

私は今でこそ心を大切にしているけれど、心を封じ、頭で考えて生きる期間が長かった。会社員時代に休職したことを機に少しずつ本音に耳を傾けるようになり、頭の声（「～したほうがうまくいく」「～すべき」という思考）と、心の声（「こうしたい」「好き」「キライ」などの本音）の見分け方を学んできました。

だから今でも、頭の浅いところと心の深いところを行き来しながら生きています。

ノウハウや損得も考えるし、心に思いをめぐらせもする。それは、自分の深度を調整して、良くも悪くも社会に――「ここではこう振る舞うべき」「こうしたほうがうまくいく」と頭で動く場面の多い社会に――合わせてしまえるということです。

でも……、フヅクエの方々は、私よりもずっと心主体で生きておられる気がします。素で、心が主体の人々。

店主のブログが好きで数年前から読んでいるのですが、あるときスタッフ募集の記事

にこう書いてありました。

速くて巧くてズルもできちゃう人よりも（僕自身はこの気質もあるんですけど……）、遅くても下手でも、自分の誠実さを手放すくらいなら消え入りたいくらいの、自分を裏切るのとか生理的に無理くらいの人のほうがきっと向いているんだと思います。

https://fuzkue.com/entries/972　より引用

フヅクエの店員さんたちの挨拶は、こなれた「いらっしゃいませー」ではなく、「あ、こんにちは」とぎこちないのです。二階にお白湯を運んでくださるときも、一段一段、そーっと階段を上っていらっしゃる。

お店全体に誠実な空気が満ちていて、仕事と子育てで心が張り詰めたときも、忙しくて感性がすり減ったときも、フヅクエの扉をくぐるだけで「ここに来ればもう大丈夫」とほっとするのです。

フヅクエはお料理も飲み物も大変おいしいのですが、あるとき自家製ピクルスを頼んだら、金属製のフードピックがついてきました。

つまようじやプラスチックといった使い捨てではないことに驚き、ピックの手触りが不思議でどこのメーカーだろうと刻印をみたら、銅製でした。後で調べたら、銅はステンレスよりも手触りがやわらかく、持ったときにもひんやりしないそう。

フードピックしかり、グラスしかり。フヅクエにあるものは、ひとつひとつ理由があって選ばれているようにみえます。

僕らは本を読める店を作りたい。そうすると内装は木になるし、肌寒い時期にはお冷やではなくお白湯。お盆は木製、ピックは銅、スリッパはパタパタと音のしにくいバブーシュ。思想をもとに、おかれる物が自然と定まっていったかのようです。

「僕らはこれがいいと思う」という丁寧な選択が、内装や器、カトラリーから感じられて、ホットジンジャーミルクや濃厚なチーズケーキ、しっとりした鶏ハムサンドなど、手を尽くしたごはんが運ばれてくるたびに、私は彼らの思想に触れるのです。

小雨《こさめ》が降り続き、雨《あま》どいがあるのか、キロキロと細い水音が聞こえてきます。
天井近くに大きな窓があり、曇り空からやわらかな光が降り注いでいます。
窓を見上げると、水底にいるみたいです。
優しく煙《けむ》った池の底から、明るい水面《みなも》を見上げている……。

守られた空間で静かに息をするうちに、『教会みたいだ』と思いました。
効率に圧《お》される社会の中で、丁寧さの灯《あか》りをともしている場所。
慌ただしい毎日を一時《いっとき》離れ、穏やかな静寂が訪れる場所。

フックエは、心を大切に生きる人たちが作った、現代の教会なのだと思います。

コラム

「繊細さん」とは？

「繊細さん」とは具体的にどんな人たちなのでしょうか。アメリカの心理学者エレイン・アーロン博士の説に私なりの解釈を加えながら、簡単にご紹介していきますね。

「人と長時間一緒にいると、疲れてしまう」
「まわりに機嫌が悪い人がいると緊張する」
「細かいところまで気づいてしまい、仕事に時間がかかる」
「疲れやすくて、ストレスが体調に出やすい」

こういったことはないでしょうか。

まわりの人が気づかない小さなことにもよく気づく、繊細な人たちがいます。

繊細な人たちの感じやすい性質は、長らく「気にしすぎ」「真面目すぎる」など、個人の性格によるものだと誤解されてきました。ところが、アーロン博士が行った調査により「生まれつき繊細な人」が5人に1人の割合で存在することがわかってきました。

繊細さは生まれ持った気質であり、生まれつき背の高い人がいるように「生まれつき繊細な人」がいることがわかってきたのです。

アーロン博士は、繊細な人と繊細でない人（この本では非・繊細さんと呼びます）は、脳の神経システムにちがいがあるといいます。光や音などの刺激を受けたとき、どのくらい神経システムが高ぶるかは人によって差があり、繊細な人はそうでない人よりも刺激に対して敏感に反応するのだそうです。

人間だけでなく馬やサルなどの高等動物も、全体の15~20%は刺激に対して敏感に反応するそうです。種として生き延びるために、慎重な個体が生まれたのではないかと考えられています。

HSPの4つの性質（DOES）

アーロン博士は、この気質の根底には以下の4つの面（DOES）が必ず存在するといいます。4つのうち1つでも当てはまらない場合には、おそらく「繊細さん」ではありません。

● D…深く処理する（深く考える）Depth

あらゆることを過去の似たような経験と関連づけたり、比較したりして、意識的にも無意識的にも深いレベルで処理する。さまざまな選択肢を考慮《こうりょ》するなど、他の人が通常考えない深さまで考え、直感力に優れていることが多い。複雑なことや細かなことに目を向け、表面的なことよりも本質的なことを考える傾向にある。

●O…過剰に刺激を受けやすい Overstimulation

人一倍気がつき処理するため、人よりも早く疲労を感じやすい。大きな音や光、暑さや寒さ、痛みなどに敏感だったり、楽しいイベントでも刺激を受けすぎて疲れたり、興奮して目が冴《さ》えて眠れなかったりする。感じすぎた刺激を流すために、ひとりの時間や静かな時間が必要。

● E…感情反応が強く、共感力が高い Emotional & Empathy

共感力が強く、他者の意思や気持ちを察しやすい。ＨＳＰは非ＨＳＰよりもミラーニューロン（共感を生む働きをするといわれている神経細胞）の活動が活発だといわれている。事故や事件のニュース、暴力的な映画などが苦手な傾向にある。

● S…些細なことにも気づく Sensing the Subtlety

小さな音、かすかな匂い、相手の声のトーンや視線、言葉の微妙なニュアンスなど、他人が見逃している些細なことにもよく気づく。気づく対象は様々で個人差がある。

※エレイン・N・アーロン著『敏感すぎる私の活かし方』（パンローリング）、『ひといちばい敏感な子』（1万年堂出版）、明橋大二著『HSCの子育てハッピーアドバイス』（1万年堂出版）をもとに著者作成。一部追記。

ＨＳＰは病気や発達障がいではなく、気質です。光や音に敏感に反応するといった感覚の鋭さから、自閉スペクトラム症（自閉症、アスペルガー症候群などの発達障がい）だと誤解されることがありますが、ＨＳＰと自閉スペクトラム症は別物です。

自閉スペクトラム症では人の気持ちを読み取るのが難しいのに対し、ＨＳＰは人の気持ちを察しやすく、共感力が強いというちがいがあります。

「私は繊細さんなのかしら？」と思ったら

1．アーロン博士によるＨＳＰセルフテスト

2．「ＤＯＥＳ」にすべてあてはまるかどうか

の2つを確認してみてくださいね。

ＨＳＰセルフテストは http://hspjk.life.coocan.jp/selftest-hsp.html（アーロン博士のホームページの日本語版）に掲載されています。

第2章

心の声に耳を澄ませ、幸せの流れを作る

感性を育てる

(1)野生の勘。動物としての体感覚に耳を澄ませる

「仲の良い人を3人思い浮かべてください。友達でもパートナーでもかまいません。その人たちのいいところって、それぞれどんなところですか」

カウンセリングで相談者さんの可能性を探るとき、そんな質問をすることがあります。

仲の良い人たちの「いい部分」って、その人自身も持っている可能性が高いのです。

「友人は穏やかでよく話を聞いてくれる」という人は、その人自身もそういう面がありますし、「学生時代の部活の友人が変わった人たちで、一緒にいてラクだった」という人は、その人自身もユニークな一面があります。

ここまでは「たしかにそうかも」と思われるかもしれませんね。今回お伝えしたいのは、そこから一歩踏み込んで、

『友人たちが共通して持っているいいところで、自分にないものがあれば、それはこれ

から開花する可能性がある』

ということなんです。
私はこの視点を、自分の可能性を広げたいときに使っています。

ご自身でやるときは、1〜4をやってみてくださいね。

1．仲の良い人を3人挙げる
2．それぞれの人のいいところを書き出す
3．3人の共通点にマルをつける
4．3人にあって、自分にないものはどれ？

もう何年も前のことですが、友人やパートナーの良いところを挙げていくと、「体感《たいかん》覚《かく》に優れている」という共通点がありました。
友人は「嘘《うそ》をついている人の声はキンキンしてる」と音への体感覚があるそうですし、夫のつりーさんは「仕事で複数の案件がきたとき、どれを引き受けるといいかは体でわかる。体が『なんかこれ』ってなる」といいます。

私は頭で考えるばかりで体感覚の存在すら知らなかったので「体でわかるってどういうこと？」と疑問だったのですが、仲のいい3人がみな体感覚に優れていたので、「友人たちに体感覚があるなら、こりゃ、私にもあるんだろうな。今は全然わからないけど……」

と漠然と思っていました。


するとその後、カウンセリング中にこんな出来事がありました。

相談者さんが「○○の仕事もいいかなって思うんですよね」とお話しなさっているとき、みぞおちあたりに「うっ」と気持ち悪さを感じたのです。

体調が悪いんだろうか。あるいは私自身のトラウマが反応しているのか。それとも偶然？　気のせい？

そんなことが何件もあり、どんなときにみぞおちに違和感が出るのか、そのときの自分の体調はどうか、カウンセリングがどう進むかなどを数ヶ月観察しました。

するとどうやら、相談者さんが本心とはちがうことをおっしゃると、かすかに気持ち悪くなるようなのです。

「へぇぇ、これが体感覚というものか！」と体で学び、それ以降、カウンセリングでも活用するようになりました。

カウンセリングでは、相談者さんが「こうしたい」とおっしゃっていても、それが本

音ではない（本人も気づいていない）ことがしばしばあります。その言葉を額面通りに受け止めて話を進めるのは、迷路の道を間違うようなもの。

話が空転したり膠着《こうちゃく》したりして、「なんかおかしいぞ。先に進めない」となります。間違ったポイントまで引き返すことになるのですが、そんなことをしていると時間も回数もかかってしまいます。

体感覚を使えるようになったことで「この扉はダミーだ」とわかるようになり、むやみにカウンセリングの時間を消費することなく、話の本質へ行き着けるようになりました。

その他、「今これを言うとまずいことになる」というのも体感覚でわかるようになりました。

カウンセラーとして駆け出しの頃、ご相談を受けていて、相談者さんの態度を指摘したほうがいいのか迷ったことがありました。

「耳に痛いことだから、まわりの人は言ってあげないいんじゃないか。いま私が指摘しないと、この人はずっと困り続けるのでは」と考えたのです。

でも、言おうとすると、胃が冷たくなる感じがする。なんだか言いたくないなぁ……と気が重い。

言いにくいというのは、「言っちゃダメだ」と体が反応しているということなんですね。その体感覚を無視して伝えると、うまくいかなかったです。

相手が心を閉ざしてしまい、こちらの言葉が届かなくなってしまう。

どんなに見立てが合っていると思っても間違うことがありますし、「たとえその通りだとしても、それを言ってはいけない」ということもあります。心の整理が進んだ後なら届くだろうけど、今の段階では心理的に受け取れないことも。

体感覚がNOだと言っているときは、その回では伝えるのを控えたり、どうしても必要なときはよくよく言葉を練ってからお伝えするようになりました。

これはなにも「自分や相手にとって都合の悪いことは指摘しない」という意味ではありません。核心に迫る内容でも、体感覚としてスッと言えてしまうのであれば、およそ言っても大丈夫。むしろ相手の中で、面談の時間が終わってもじりじりとカウンセリングが進み続けるような、触媒《しょくばい》のような言葉になります。

体感覚がわかるようになって、日頃の会話もぐんとラクになりました。

家族との会話も、子どもの保育園の先生たちとの雑談も、「何を話そう？」「これを言ってもいいのかな」と迷ったら、頭で考えるよりも先に体感覚を確認します。言いにくい感じがすれば言わないし、特に何もひっかからなければ言ってみる。

家族に対しては、つい言い過ぎてしまい、つりーさんをムッとさせてしまうことがあったのですが、体感をキャッチして「これ以上は言っちゃダメ」という感覚を守るようになってからは、言い過ぎることも減りました。

目の前にいる相手に、今このタイミングで、私がそれを言っていいのかどうか。

体感覚による判断は、頭で考えるよりもずっと正確で、ずっと速いです。

体感覚は、「こちらに言う準備ができていて、かつ、相手が受け取る準備ができているか」ということを、動物的な野生の感覚として教えてくれているのだと思います。

感性を育てる
（2）小ささやき声を見守る

体感覚の話をしましたが、こうした感性――心と体で感じる力――はみんな持っているものです。

「今日はあの曲を聴きたい気分」

「なんとなくだけど、あのカフェに行こうかな」

などの「気分」も、感性の為《な》せるワザ。

ふとした直感として、感性は働いていますね。

自分らしい人生を歩むにつれて、体感覚や直感といった感性がどんどん花開いていきます。

あるノンフィクション作家さんのトークイベントに参加したときのこと。

会社員から作家になったその方は、人づてで紹介してもらうことを重ねて雑誌に寄稿したり、普通なら会うことすら難しい世界的なアーティストに取材したりしているそうです。

質問コーナーがあったので、「人づてで紹介してもらうとおっしゃっていましたが、どうやってその相手を選んでいるんですか」とたずねてみました。

すると「明るい感じがする人についていく。権力がある人でも、暗い感じがする人っていますよね。そういう人には近づきません」と言っておられました。

また、ラジオで、あるアーティストが曲作りの話をしていたのですが、その中で何度も「今しかないと思った」という言葉が出てきました。俳優さんとコラボして曲を作ったエピソードで、「彼と一緒にやるには今しかないと思った」と。

自分と相手、別の人生を歩むふたりのエネルギーがのるタイミングを、「今だ！」とつかむ力。それは野性的な嗅覚で、「今年はスケジュールが詰まってるから、来年で」という思考とは異なるものです。

「論理的に考えてまわりに説明できること」が求められやすい現代ですが、「なんとなくだけどこんな気がする」という感覚も、大切なんですよね。

思考だけでは想定外の幸運をつかめないし、感性だけでも物事は進まない。

思考と感性は車の両輪のようにどちらも不可欠で、お互いに補完しあう関係なのだと思います。

感性は「このあたりに大事なものがある」「なんとなく、こうしたほうがいい気がす

る」「今このタイミング！」と目星《めぼし》をつける役目。

思考は、感性が教えてくれた目星に向かって、実務を行ったり検証したりと、実際に歩みを進めていく役目です。

（なので、先ほどカウンセリングで体感覚を使う話をしましたが、体感覚だけに頼ってご相談を進めていくことはありません。私の体感覚だけで話を進めてしまったら、単なる決めつけ・押しつけになってしまいますから、「私はこう思いましたが、話を聞いてみていかがですか。なんかちがうな、というところがあったら教えていただけると助かります」など、必ず言葉で聞いて確認します）


私がかつて体感覚がわからなかったように、感性は、はじめの頃は小さなささやき声です。

ビビビッ！　とわかるものではないからこそ、意識しておかなければ無視できてしまう。

洋服選びが上手ということでも、人をみる目があるということでも、感性を育てる第一歩は、「どうやら自分には、そういう感性があるらしい」と受け止めることです。

そして感性を採用してみて、うまくいったか／いかなかったか、うまくいくのはどんなときなのかなどを検証し、育てる。

私も、何度も体感覚に耳を澄ませ、合っているのか確かめる中で、かすかな感覚をはっきりつかめるようになり、精度も上がっていきました。

ファッションでも味覚でも、ずーっと追究していると、あるときぽこん！　と「わかる」ようになります。

ファッションであれば「こういう服がほしい」、料理であれば「お漬物は、この厚みで切ると歯ごたえがいいだろうな」とイメージできるようになる。

「わかる」「イメージできるようになる」とは、「感性が育った」ということです。

感性を育てるには経験数も必要ですが、なにより効くのは、おそらく心の中に「感性が伸びていけるだけの安心感があること」です。

ファッションなんて意味ない、と思っていたら、ファッションの感性は伸びないでしょうし、自分には体感覚なんてないと思っていたら、きっとないことになりますね。

ファッション、料理、あるいは人をみる目だったりと、みなそれぞれオリジナルの感性を持っています。

その感性がセンスと呼ばれるまでに成長できるかは、

「私の感性、存在していいよ。大丈夫だよ」

「この感性を持っている自分のこと、好きだよ。だから伸びていいよ」

と、自分自身を見守れるかどうかにかかっているのだと思います。

カフェに寝室、環境から力をもらって働く

図書館やカフェ、コワーキングスペースなど、あちこちウロウロしながらブログや原稿を書いています。

私はまわりの環境から影響を受けやすくて、

「このカフェだと全然進まない！」

「行き詰まったときは、ここへ行くと書ける」

という場所があるのです。

場所によってパフォーマンスが変わると気づいたのは、お気に入りのカフェでのこと。商店街のはしにある小ぢんまりとしたカフェで、木製の棚には手織りのコースターや絵本がゆったりと並んでいます。そこでは時間がゆっくり流れているようで、お店に入るだけでほっとします。

それなのに、ブログも本の原稿も、そこではうまく書けたためしがないのです。

アイスコーヒーが運ばれてきて「さぁ書くぞ」とパソコンを開いても、ブログは書き

かけで止まってしまうし、本の原稿もわけがわからなくなってしまう。

このカフェにくるたびにそんな混乱が起きるので、なんでだろう、なんか変だな、と思っていました。


他の場所と何がちがうんだろう？

振り返ってみると、そのカフェではラジオが流れているのです。

音量が大きいわけではないし、私はノイズキャンセリングイヤホンをしているから、内容が聞きとれるわけではない。それでも、ラジオがかかっていると思考が混乱するようなのです。


親しい友人とおしゃべりするように書いたり、考察を掘り進めながら書いたり。

ブログでも日記でも、人それぞれ書き方があると思うのですが、私は文章を書くとき、体感覚に言葉をあてる作業をしています。

「あのときの感覚にしっくりくる言葉はなんだろう。これはニュアンスがちがう、これもちがう、……これがぴったり」

そうやってひとつひとつ言葉を探すのですが、ラジオや人の話し声が聞こえると、その作業と干渉するようなのです。

言葉が聞こえてくる場所だと、文章を書けない。

そう気づいてから「作業内容に合わせて場所を選ぶ」ことを意識するようになりました。

ブログでも原稿でも、文章をゼロから書き起こすときは、自宅の静かな場所か、図書館へ。

自宅でも書ける場所と書けない場所があり、今のところ寝室に子ども用の小さな机を持ち込んでいます。リビングでも書けないことはないのですが、冷蔵庫のコポコポ音や古いブルーレイレコーダーのモーター音がノイズになるし、ソファに洗濯物が山積みだと気になって集中しづらいです。

文章をほぼ書き上げ、推敲《すいこう》の段階になったらコワーキングスペースへ。

私の場合は、寝室や図書館などの静かな場所だと集中度合いが強すぎて「この項目って、そもそもこれでいいんだっけ？」と根本から考え始めてしまう。とっぷり思索《しさく》にふけってしまい、推敲が進まなくなるからです。

コワーキングスペースだと、遠くから雑談が聞こえてきたり、メンバーがキッチンに珈琲を淹《い》れに行ったりと人の動きがあり、適度に注意を散らしてくれる。

浅い集中具合が、サラサラと言葉のリズムをチェックするのにちょうどいいです。


こうやって場所を移動するのは面倒だし、どこでも作業可能ならもっと捗《はかど》るだろうなと思います。

でも、「どこでもOK」だったらきっと、こんなにたくさん感覚について書くことはなかったですよね。それに私は、感覚の細かさをおもしろいとも思うのです。

ラジオがかかっているとだめだとか、石目《いしめ》模様のテーブルだと落ち着かないとか、カフェではケーキやサンドイッチが入っている冷蔵ケースの稼働音が苦手でなるべく厨房から遠い席を選びたい、とか。

なんとなく避けたり選んだりしているものを、「こういうのはだめ」「これがいい」とはっきりと気づくのは、たとえそれが「だめ」側でも嬉しい。
「へぇぇ、そうだったのか」と、自分の新しい一面を発見した気分になります。
自分を知るのはおもしろいものですね。

それに、大変なことばかりではなく、環境から影響を受けやすいぶん、環境から力をもらっています。

仕事の打ち合わせで場所を指定できるときは、窓が大きく開放的なカフェをチョイス。そのカフェに集まるお客さんの明るくて活気のある感じが、打ち合わせでも前向きに作用する気がします。

原稿に行き詰まったときは、リュックを背負って「ここへ行くと難所を乗り切れる！」というカフェへ。

自宅から少し歩いたところに、アメリカ西海岸風のユニークなカフェがあり、そこへ行くと愉快な気分になってアイデアが湧く。突破口を見いだせるのです。

いつも自由が利くわけではないけれど、自分に合う場所をたくさんみつけて、力を出せる環境にいようと思っています。

幸せの流れを作る。仕事の依頼を断った話

今回は、人生の流れの話。

本音を確かめながら仕事を選ぶことで、幸せな流れができていくという話をしたいと思います。

約2年前、初めての著書『「繊細さん」の本』を出したあと、数ヶ月のうちにいくつかの出版社から次回作の依頼がありました。本はまだそんなに売れていなかったのに、出版社というのは常に新しい著者を探しているのだなと驚きました。

それで……、いただいた依頼をすべて断ったのです。

「繊細さんの人間関係についてもっと膨らませて書けないか」「仕事面を膨らませて」

というご依頼だったのですが、私は、繊細さんに必要なことは『「繊細さん」の本』で一通り書いたつもりだったし、なによりそれをやってしまうと「悩みについてノウハウを書く人」になってしまう。

依頼を引き受ければ、読者さんにも編集者さんたちにも「ノウハウを書く人」として認識され、次もまた似たような依頼がくるだろう。

それは、自分が望む流れとはちがうんじゃないかと思ったんです。

相談業を通して、数多くの繊細さんたちの転機に立ち会ってきました。

今の仕事を続けるのか、転職するのか。

婚活を始めるのか、それとも実家を出てひとり暮らしをするのか。

人生の転機では、選択する場面が訪れます。

これまで通りの流れにのるのか、それとも、ちがう流れを選ぶのか。選択に迷うときというのは、人生のターニングポイントになりえます。

「これまで通りの流れ」は、ときに吉報としてやってきます。

「昇進試験を受ける」「今より大きなプロジェクトへの配属」「転職活動で、これまでの職歴と近い仕事で内定が出た」などです。これまでやってきたことに現実が応《こた》えてくれるのですね。

吉報を耳にしたとき、ぱっと素直に喜べなくて「あれ。これを選んで良いんだっけ」と顔が曇ったり、「やる理由」を探してしまうとき、本当は別の方向へ行きたいのかもしれません。

※過去の経験から「喜んではいけない」と頭でブレーキを掛けるケースもありますが、本音がどちらなのかは出てきた順序で見分けることができます。本音（心）のほうが思考（頭）より早いので、ぱっと先に感じた気持ちが本音です。例：「それを見た瞬間は嬉しかったけど（＝本音）、あとからモヤモヤ考え出して不安になる（＝思考）」

二冊目のオファーははたからみれば吉報だけど、素直には喜べなかったんですね。

望んでいない流れにのっちゃいけない。

どの流れを選んでも経験を積めるだろうけど、山へ向かえば自然が、都会へ向かえばビル群がみえるように、方向がちがえばみえる景色は全くちがう。

「方向がちがう」という違和感は、その場の努力だけでは覆《くつがえ》せないものなんじゃないかと思うんです。

そんな考えのもとに二冊目のオファーを断ったのですが、これが本当に、ものすごく怖かったです。

出版業界は割とシビアです。売れなければ——売れない作者だと判断されれば——本当に次が書けない。

二冊目を書けるチャンスなんてめったにない。それを断っていいのだろうか。

うんうん悩んで決めきれず、昔からお世話になっている山口由起子さんにご相談に行きました。

山口さんはコーチングを生業《なりわい》にしており、ご自身も繊細さんで、おそろしく聴く力の強い方。物静かで神社のようなたたずまいの山口さんを前にすると、心の鎧が平安時代の御簾《みす》のように軽々と吹き上げられて、本心がつるんとあらわになります。

物理的には書けるだろうけど、それをやってしまうとめちゃくちゃストレスがかかること。

でも断ったら、二度と本を書けないかもしれないこと。

私の葛藤を一通り聞いた山口さんは、涼やかに微笑《ほほえ》んで
「今回断っても、また書けるんじゃないですか？」

と言います。

「えっ。それは、どこかからまたオファーがくるという意味ですか？」

「いえ、オファーがくるかはわかりませんけど。自分から『書きたい』って出版社に連絡してもいいでしょうし」

え。本って自分から書きたいって言ってもいいの？　そうなの？

というか、世の中の仕事って「一度断ったら交渉決裂、二度と顔をみせるな！」じゃないのか。断ったあとにまた連絡してもいいのか……（本当に？）。

当時はまだ断るのが下手だったので「一度断り、あとから書きたいと申し出る」なんて選択肢があることにまずは驚き、オファーを待つだけではなく自分から動いていいんだということに希望を持ったのです。

その後、いざそのときがくると本当に怖かったけれど、「その内容では今は書けません」と先方にお伝えしました。

断ったとたん、それまでガチガチだった肩こりがすぅっと消えて、「ああ、こんなにもストレスだったのか」と思ったのです。

本の話がなくなったあと、絵を描いて（油絵をやっています）自分で小さな会場を借り、初めての個展を開催しました。

するとと個展の会期終わりに、ちがう出版社から本のオファーをいただきました（※）。「軽くて薄くて、読んだ人がほっとする本を作りたい」というご依頼で、「参考に」といただいた本は、かわいらしいイラストが載った詩集のような本でした。

本当は、いつか詩と絵を載せた本を出せたらと思っていたのです。だけど、自分にはとても無理だと思っていました。もっともっと有名にならないときっと無理だ、と。

だから、こんなことがあるのか、と心が震えました。

「違和感のあるものを断ると、自分にとって『いいもの』が入ってくる」

このときの体験が、今も決断を助けてくれています。

仕事を断ったり交渉したりするのは相変わらず苦手で、毎回ヘドモドするけれど、依頼されたテーマでは書けないと思ったら、自分から「こういう本が書きたい。繊細さんたちと話していると、こういう本が求められていると思う」と提案するようになりました。

提案が通ることもあれば通らないこともあるけれど、1社に断られても「これは絶対、読者さんの役に立つ本だ」と思ったら他の出版社に相談。自分から動くようになりました。

自分で舵《かじ》をとることで、「こんな本があったらいいな」と心から思える本を書き続けています。

人生のターニングポイントは、それとは気づかないうちに、いくつもきているんだと思います。

ちょっとした違和感に耳を澄ませていると、本音とはちがうものに気づくのも上手になって、「これは選んじゃダメなやつだ」とわかる。

怖くても、「ちがう」と思うものは選ばず、行きたい方向を選ぶことで「幸せの流れ」にのれる。受け身だけじゃなく、「これをやりたいです」とはっきり伝えることで自分でも流れを作っていける。

偶然も、自力も他力も時代背景も、目にはみえない大いなるものからの応援も。

いろんなものが合わさって「流れ」になり、どんぶらこと運ばれていくんだろうと思っています。

※この本は『繊細さんが「自分のまま」で生きる本』として清流出版から刊行されました。

うまくいくこと、いかないこと。集合的無意識の流れに乗ってどんぶらこ

「心に取り組むには、まずは体から」という思いがあり、定期的に整体に通っています。

整体師のSさんとは長いお付き合いで、施術中に互いの近況を話すのですが、あるとき「やっぱり、やりたいことをやるのがいいよね」という話になりました。

やりたいことをやっていると、誰かが助けてくれるというか、思いもよらないところ

から応援がくる。

私がそんなことを話すと、Sさんがユングの集合的無意識の話をしてくれました。

「集合的」「無意識」という字面から怪しく感じる方もいるかもしれないのですが、集合的無意識とは人類に共通する心理機構のようなもので、その一部を平たく言うと「心の奥底で、みんなが思っていること」のようなものです。

Sさんは、こんなたとえを教えてくれました。

個人の自我を木《こ》の葉、集合的無意識を川の流れだとすると、ものごとが大きく広がっていくためには、木の葉の向きと川の流れが一致している必要がある。

自分の利益ばかり追い求めると、自我という木の葉が集合的無意識という大きな川にぶつかってしまい、うまく流れていかない。

逆に、大きな流れがきていて、まわりからそれをやってほしいと望まれていても、本人が「心からやりたい」と思えないならば、それは川の流れに木の葉が逆らうようなものであり、成就《じょうじゅ》しない。

心からやりたいことをやるというのは、川の流れと木の葉の行きたい方向が一致する

ドドドドド…

ということだから、まわりに応援してもらえるよね、と。

このたとえを聞いて、私はものすごく納得したのです。というのも、「繊細さん」の広まり方がまさにその通りだったから。

数年前は「知る人ぞ知る」という状態だったＨＳＰが、ＳＮＳによって当事者の間で知られるようになり、雑誌やテレビで取り上げられ、著名な方たちが「僕も／私もＨＳＰです」と公表できる状況へ。

取材を受けたりテレビに出演したりと、私はＨＳＰが広まる渦中にいて、すごいな、不思議だな……、とただただ思っていたのですが、この流れを「集合的無意識」という角度から眺めてみると、うまい具合に説明がついたのです。

ＨＳＰという概念がほとんど知られておらず、『「繊細さん」の本』もまだ全然売れていなかったころ、ラジオに呼んでいただいたことがありました。

今でこそ、『「繊細さん」の本』は本屋さんに平積みでおいてくださっていますが、当時は、大きな書店にいけば１冊だけあるかもしれない、という状況。ラジオ番組がどうやって本を知ったのか不思議でした。

打ち合わせの席で、ラジオの担当者さんに
「あのー、どうしてこの本を取り上げようと思ったんでしょうか。どなたかからのご紹介でしょうか」と尋ねると、
「いや、僕が本屋さんでたまたま手にとって。……僕もたぶんこれ（ＨＳＰ）だと思うんですよねぇ」とおっしゃったのです。

その後も、一〜二ヶ月に一度くらいの比較的ゆるやかなペースで雑誌やＷＥＢメディアに取材していただいたのですが、そのたびに編集者さんやライターさんから、

「実は私もＨＳＰで、これまでほんとに苦労してきたんですよ。だからこれはみんなに知ってほしいと思って」

「僕の妻が『繊細さん』なんですよね。本を読んで妻のことが少しわかったから、それで今回お願いしようと思ったんです」

などのお話を伺いました。

「繊細なままだと危ない！」みたいな誤った切り口で取材が来たとき、スタッフの中に繊細さんがいて「繊細さはネガティブなものじゃないってことですよね。その点、上司によくよく説明します」とかけあってくれたこともありました（そのメディアはその後、とても丁寧に繊細さんのことを紹介してくれました）。

繊細さんのことを本にまとめたら、あちらこちらで仲間がみつけてくれた。

他人事《たにんごと》ではなく自分事として、あるいはパートナーや家族など大切な人に関することとして、アーロン博士が発見したＨＳＰという概念を日本に広めようとしてくれた。

ＨＳＰという概念も『「繊細さん」の本』も、ただ流行ったということではなく、「繊細さはいいものだ」という呼び掛けに、繊細さんたちが日本中から応えてくれたような広まり方だったのです。

本を書いたとき、「人々のすれちがいが減るといいな」と思っていました。

感覚のちがいから相手を理解できなくて、誰も悪くないのに、互いに傷ついてしまうことがある。ちがいを知ればすれちがわずにすむんじゃないか、もっと仲良くなれるんじゃないか、と。

すれちがいが減って、人々があたたかくつながれたらいいな。

この望みは、いま思えば、とても普遍的《ふへんてき》なものですね。

まわりの人とあたたかくつながるというのは、繊細さんか非・繊細さんかを問わず、誰もが心の奥に持っている望みだと思います。

人々がいいねと言ってくれたのは、おそらく『「繊細さん」の本』という具体的な物ではなく、その奥にある「人々があたたかくつながる世界を」という想いです。

その想いが集合的無意識に一致して、どんぶらこと流れにのり、多くの人の助力を得て広がっていったんじゃないかな、と思っています。

そんなにたくさんのことはできない

今日の仕事を一通り終え、テーブルの食器を片付け、カモミールティを淹れて、ふぅぅと息をつきました。

子育てしながらＮＰＯ法人を運営している友人が「やっと最近、座れるようになった」と言っていて、不思議な発言だなと思ったんです。忙しいとはいえ「座れない」ということがあるんだろうか。

話を聞いてみると、その友人が言っていたのは、

「ようやく、座ってぼーっとできるようになった」

という意味でした。

私は物理的には仕事で座りっぱなしですが、「ゆっくりする」という意味では、全然、座っちゃいなかったな……と思います。

座っているときは働いているし、スキマ時間には、

「今のうちにお芋をふかしておこう（娘のおやつ）」

「出かける前に洗濯機をまわして」

「メール返さなきゃ」

と動き回っていて、「ぼーっとする」ということが本当になかった。


子どもが生まれる前、「子育ては大変だよ」とどんなに聞いても実感できなかったんですが、実際に生まれてみると、信じられないぐらい時間がなくなりました。

子どもがいる生活はそれまでの生活にプラス8時間勤務がねじ込まれるようなもので、仕事・家事・育児が24時間に収まらず、温泉のお湯みたいにどうどうとあふれ続ける。

寝ないと体力が保《も》たないし、寝れば確実に仕事の時間が減る。

そんな状況で、焦ることも「もっと働きたいのに！」と地《じ》団駄《だんだ》踏んだことも数え切れないぐらいあったのだけど、嵐の日々も3年目に入り、最近ようやく、本当にようやく、

「そんなにたくさんのことはできないぞ」

と気がつきました。


家事を効率化したり、仕事の生産性を上げてがんばれば、子どもが生まれる前みたい

に働けるんじゃないか。

そうやって何度も「以前みたいに」を目指したけれど、時間が空いたぶんだけ仕事や家事をしてしまうから、心に余裕のない状況は変わらなかったのです。

ゆっくりできる時間がほしいなら、空いた時間にタスクを入れずに、ゆっくりしなきゃいけないいんだ。

私は忙しすぎると幸せが減ってしまうんだ。

3年間じたばたあがいた末にようやく、そんなことが腑に落ちたのでした。


それで、スキマ時間はスキマとして確保するようにしました。

仕事の合間にゆっくりお茶を飲んだり、お花を眺めたり。

お風呂に本や雑誌を持ち込んで、湯船につかりながら読むのが好きなんだけど、それをやめてただお湯につかり、「あったかい〜」だけの時間を大事にしたり。

起きているあいだずっと全力疾走するのではなく、スキマ時間に「ふぅ」と休む。

なにも考えない時間を作るうちに、少しずつ「ゆっくり」の意味がわかってきました。

ゆっくりするって、旅行に行くとか一日休むとか、がっつり休むことだけではなくて、ものごとの合間にただ座って休憩するとか、ぼーっとした時間をとる、ということでもあるんですね。

そんなこんなで、一日の仕事を終え、お風呂のお湯を張る間、リビングの机を片付けて（つい動いてしまう。でも最小限！）、お湯は溜《た》まったけれど「もうちょっと座っていたい」と座っています。

机に飾ったチューリップのぽってりした質感に心が浮き立ち（質感って、触らなくても、みるだけで感じることができるんですね。不思議です）、スイートピーの可憐《かれん》な花びらを「きれいな色だなぁ。水彩で描いたみたいにフチだけ色が濃いなぁ」と味わう。

ふぃ〜とテーブルに両肘をついたら、

「あ、そうか。こういうときに祈るのか」

とふいに思いました。

一日の働きを終えて、ぽっかり空白のときに祈りの時間が訪れるんだ、と。

このときはまだコロナ禍の前だったので、海外ドラマでみる「アーメン」のように手を組んで「今日も世界が平和でありますように」と祈りました。

私は特定の宗教を信仰しているわけではないけれど、祈りは自分の心を落ち着け、目の前の日常から一時離れて、世の中に広く思いを馳せる時間なのだな、と思いました。

直接誰かの役に立つわけではない、それでも大切な時間のように感じます。

一方でコロナ禍を経て、今まさに困っている人に対しては現実のアクションが必要だと強く思うようになりました。

以前からNGOやNPOへ寄付していたけれど、支援が足りなそうなところへ新たに寄付をしています。

しんどい状況にある方の話を聞いたり、痛ましいニュースを目にしたりすると、そちらにぐっと意識が向いて「何かしなきゃ」と焦るけど、そのとき自分にできることをすることで、焦りも少し落ち着きます。

今と未来のために、できることをコツコツと

寄付の話になったので、どなたかの参考になればと、もう少し書いてみますね。

私はもともと寄付にはなじみがうすく、赤い羽根募金に寄付するぐらいだったのですが、数年前から、様々な団体の情報をみて支援するようになりました。

きっかけは2016年の熊本地震です。私は地元が福岡で、九州に住んでいる友人知人も多く、情報が錯綜《さくそう》する中、フェイスブックで「今から食料を積んでトラックで現地に向かいます」といった投稿がいくつも流れてきました。迅速《じんそく》な支援につなげたかったけれど、ときに寄付金詐欺の噂も流れ、どこに寄付したらいいのか全くわからなかったんですね。

夫のつりーさんに話したら、彼は以前、大震災の復興支援をしていたこともあり、災害時には被災地のニーズと支援者を結ぶコーディネーターの役割が重要になることや（支援品が運ばれたときにはその品はもう足りていて、他のものが足りない、ということもあるから）、災害直後にはボランティアもたくさんくるけれど、年を重ねるごとに一気に減るから長期支援が大切なこと、プロフェッショナルな支援団体にはこういう団体があっ

てね……、といったことを教えてくれました。

そのとき知ったのが「ＡＡＲ」という国際ＮＧＯです。

ＡＡＲは海外と国内で活動していて、災害が起こると迅速に現地へ向かい、長期的な被災地支援を行っています。ニュースなどで被害情報だけを目にするとつらいけれど、ＡＡＲのＨＰでは随時《ずいじ》「炊き出しを行いました」「衛生用品を手渡しました」など支援の状況が掲載されるので心強いです。


他には「しんぐるまざぁず・ふぉーらむ」「自立生活サポートセンター・もやい」という団体へ寄付しています。

「しんぐるまざぁず・ふぉーらむ」はひとり親への支援を行う団体、「もやい」は貧困問題に取り組んでいる団体です。

数年前に湯《ゆ》浅誠《あさまこと》さんの『反貧困』という本を読んで、貧困は自己責任などではなく、社会の構造変化が根っこにあるのだと知りました。

今まさに困っている方を直接支援することも必要だし、根本的に改善するために国の制度や政策を変えることも必要。そういった視点から、現場での活動と政府への提言の両方を行っている「しんぐるまざぁず・ふぉーらむ」と「もやい」を寄付先に選んでいます。

毎月定額を寄付しているので（マンスリーサポーターと呼ばれるものです）、各団体から定期的に、会報やメルマガで支援状況が送られてきます。

先月は2212世帯に食品支援を行った、生活相談会を行った、難民キャンプで手洗いの重要性について啓発活動を行った、石鹸を配った……などです。本当に様々な状況があることがわかります。

いま困っている方が支援につながれるように、というのが一番なのですが、子どもが生まれてからは「支援団体が存続できるように」という気持ちも強くなりました。

娘が大人になったとき、生きていける社会であるようにと思うのです。

海外に比べて日本は寄付文化が育っていないと言われます。少子高齢化で日本経済が縮小し、社会が厳しさを増す中で、困ったときに相談できる支援団体が身近に存在することは、生きていくために必須の、文字通りのライフラインになるのだと思います。

しんどい状況にある方のニュースを大量にみたり、支援者の書いた記事を読んだりすると「私は一体なにをやっているんだろう。もっとできることがあるんじゃないか」と落ち込むけれど、寄付や発信などできることをしながら、自分の担当に（やりたいことに）全力を尽くすのがいいのではないか、と今は思っています。

やりたいことをやるときのエネルギーが一番大きいです。直接誰かを助ける行動ではなくても、まわりへの影響力を持っている。

世の中を背負うことはできないけれど、「いま自分ができることをする」ことはできる。困っている方々のことが頭にありながら、それでもやりたいことをやって経済を回し、寄付をする。

そうしてみんなで少しずつ、世界を幸せな方へひっぱりあげていけたらいいなと思っています。

憧れて進む。未来は先ゆく人がみせてくれる

深刻な悩みを抱えているわけではない、でも、これからもずっとこのままだと思うと物足りない。そんなときに「憧れ」が効くよ、という話をしたいと思います。

お笑いコンビ・オリエンタルラジオのYouTube「オリラジチャンネル」が好きで、よくみています。中田敦彦さんと藤森慎吾さんがのんびり近況を話すチャンネルなのですが、ふたりのやりとりがあたたかくておもしろい。みるたびに「人間っていいな」とほっこりするので、数十本ある動画をさかのぼって全部みてしまいました。

オリラジチャンネルに上がっているのは、テレビで放送されるような完成されたトークではなく、彼らの思考の軌跡です。

「このチャンネルに芸人さんを呼ぶとしたら誰を呼びたい？」など、今まさに考えていることが公開されるので、あっちゃん（と、ひそかに呼んでいます）ってこういう考え方なんだ、とか、藤森さんとあっちゃんって全然ちがう視点なんだなぁとよくわかります。

彼らの姿をみて、「迷ってることもそのまま発信できるのって、いいなぁ！」と憧れ、

そしてふと「欲望は他人からもらうもの」という言葉を思い出しました。

「欲望は他人からもらうもの」

この言葉は、初夏にコミックエッセイを監修したとき（『「HSP」で「ひきこもり」だけど私は元気です。』）、ひきこもりについて調べる中で出会ったものです。

ひきこもりに詳しい精神科医・斎藤環氏は、著書の中で次のように述べています。

> ブランド品を求める気持ちも、骨董の「お宝」を欲しがる気持ちも、「それをみんな（他人）が欲しがっている」というところからきています。別にそれがいけないというわけではありません。ただ欲望というものは、本来そういう成り立ちをもっているのです。（略）
>
> ひきこもっている人たちは、しばしばそういう欲望を欠いた人にみえます。（略）まるで仙人のように、欲望を捨てて日々を過ごしているようにみえるのです。

そういう場合、よく「意欲が自分のなかから湧き出てくるのを待ちましょう」とアドバイスする人もいますが、私はそれは間違ったアドバイスだと思います。いくら待っていても、欲望は決して、勝手に湧いてはこないからです。欲望は他人からもらうものです。また、だからこそ、私はとにかく人とのかかわりというのをこのうえなく重視するわけです。

『ひきこもりはなぜ「治る」のか？――精神分析的アプローチ』（中央法規出版）より引用

カウンセリングの場で、相談者さんは「自分の力を活かして働きたい」「心穏やかに暮らしたい」「〇〇さんみたいに全国を飛び回りながら働けるのっていいなと思うんです」などの望みを話してくれます。

誰かの姿をみて「いいなぁ！」と思ったり、「あの人みたいになれたら」と憧れたり。これらはときに揶揄《やゆ》されたり、自分でも「そんな大それたことを言って」と打ち消してしまうかもしれないけど、実は生きる上でとても大切なこと。

憧れは、幸せな方へ進むためのコンパスになるのです。

著書『「繊細さん」の幸せリスト』の内容と重複しますが、人生には、

1．痛みを治癒する時期

2．ゼロ地点
3．愛や喜びを探究する時期

の3つの時期があります。

人間は、山あり谷あり3．へ向かって歩んでいくのですが、私のカウンセリングの経験上、痛みを治癒する時期を進むには「こんなのはもうイヤだ！」という思いが、愛や喜びを探究する時期を進むには「憧れ」が効く、という印象があります。

「1．痛みを治癒する時期」～「2．ゼロ地点」

「1．痛みを治癒する時期」は、文字通り、マイナス状態をゼロにしていく時期です。

痛みの治癒は、生き方の変化を伴います。

- **相手を優先する生き方をやめて、自分の本音を大切にできるようになる。**
- **誰かに認められるための仕事をやめて、心からやりたいと思える仕事に転職する。**

などの変化が発生するのですが、それらは時間も労力もかかる大仕事。「つらいけど、まぁなんとかなってる」という状況だとなかなか踏み切れないし、「あの人いいなぁ」というぼんやりした憧れだけでは動機として弱い。

生き方の大変化を起こして1.から2.へ行くには、「こんなのはもうイヤだ！」という思いがエンジンになるのです。

これは「現実を直視しなさい」と他者が押しつける意味ではなく、自分の気持ちを大切にする中で「私はこんなのはもう本当にイヤだ」と本人がつくづく感じる、つまり底を打つことで変化が生じるという意味です。

「2．ゼロ地点」〜「3．愛や喜びを探究する時期」

生き方の変化を経て、深刻な悩みがほとんど解消されると、ぽっかりと「2．ゼロ地点」へやってきます。

ゼロ地点では一定期間、「これから何をやりたいのか全くわからない」状態になります。

これは、ロケットをイメージしていただけるとわかりやすいです。大気圏を抜けるまでは（1.を脱出するまでは）必死にエンジンを吹かしているけれど、宇宙に出たらエンジンが必要なくなり、視界が一気に開けて、静寂が訪れるようなもの。

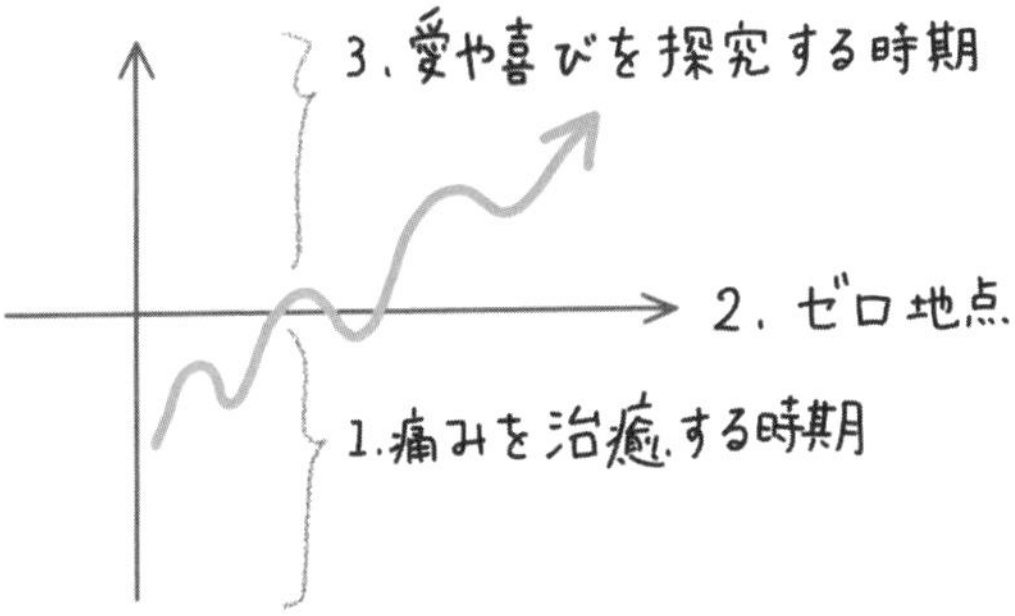

痛みの解消に追われる状況から急にスポンと抜け出て、
「あれっ、これから何をしたらいいんだろう？」
と方向感覚を失ってしまうのです。

真空のようなゼロ地点において「さぁ、どこへ向かえばいい？」と目的地を定めるとき。

自分にとっての幸せは一体どこにあるのか、みつけたいとき。

このときに「憧れ」が効くのです。

ゼロ地点は人生で一度だけ通るわけではなく、変化のたびに通るものです。「また同じ痛みに戻ってしまう」という意味ではなく、「変化した」と思っていたら、それは何年もかけて起こる大きな変化の中の小さな変化だった、という具合に。

私もまた、何度かのゼロ地点を通ってきました。

ゼロ地点にいるとき、具体的なことはわからないです。「なんとなくこっちの方向だ」

ということはわかっても、具体的に何をしたらいいのかはまだみえない。

私は会社を辞める前、「苦手を克服するのをやめて得意なことを活かす」ということは決めていたけれど、「じゃぁそれって仕事でいうと具体的に何になるの？」と、わからなかったです。


フリーランスとして様々な仕事をする中でカウンセリングの仕事がしっくりきて、食べていけるようになったとき、次のゼロ地点にやってきました。

「『苦手か得意か』というのは成果主義の中の話だったんだ」と気がついて、「果てしなく成果を追い求めるよりも、幸せを大切にしよう」と思えたんですね。

でもそのときも、

「幸せを大切にするっていうことはわかるけど、それって具体的に何をするの？　プライベートは自由が利くとして、仕事はどう変わるんだろう。カウンセリングの内容も変わるの？」

と、わからなかったです。

具体的な形が全くみえなくて、もごもごもごもご……と逡巡《しゅんじゅん》が続く。踏み出すことはわかっていても、最初の一歩をどこへ踏み出せばいいのかわからない。そんなとき、日々の生活の中で、光る場面に出会います。

オリラジチャンネルで、中田さんが「これからどうすんのかなって思うんだよね」と迷いをそのまま話しているとき。

作家の友人とごはんを食べた夜、彼女が家まで1時間の距離を「歩いて帰ります。歩いていると、ばーっと小説が降ってくるから」と微笑んだとき。

いいなぁ。そういうの、いいなぁ！

と思ったのです。

素直に「いいなぁ」と共感した景色は、思い出すたびにやわらかな光とともにあって、私もその方向へ――自由に発信する方向へ――行くんだな、と思うのです。

いいなと思うことを心にたくさん集めて、少しずつ真似したり、試したり。

実際に行動する中で「なんとなくこんな感じかも」「こういうふうにできるかもしれない」と、具体的なものがみえてきます。

未来は、先人がみせてくれる。

ひとりでは「どう生きたいか」なんて思い浮かばないときも、世の中には一歩も二歩も先ゆく人がいて、「こういう生き方もあるよ」とみせてくれます。

「いいなぁ！」と思う光景は、きっと自分の行きたい方向です。

憧れは、まるで北極星のように、「幸せな方向はこっちだよ」と示しているのだと思います。

※やりたいことをみつける具体的な方法は、拙著『繊細さんが「自分のまま」で生きる本』に詳述しています。ご興味のある方は、併せてご覧くださいね。

「いい人」「悪い人」なんていない
(1)あいまいさに耐える力

作家の燃《も》え殻《がら》さんのエッセイが好きで、夜に娘が眠ったあと、美しいお菓子をいただくように、ひとつひとつ大切に読んでいます。

おばあちゃんとの思い出や、昔好きだった人とヴィレッジヴァンガードへ行ったこと。

1篇3ページほどのエピソードを読み進めるうちに、心が優しくかきまぜられ、「私にもそういうことがあったよ」と思い出がよみがえってきます。

仕事で相談者さんの強みをフィードバックしているからか、本を読んでいても作家さんの強みを分析してしまうのですが、燃え殻さんのエッセイから感じたのは「あいまいさに耐える力」でした。

自分に起こった出来事や関わった人たちのことを「あの経験は良かった／悪かった」とカテゴライズせず、複雑なものが複雑なままで保持されている。

それは、現代では失われがちな力のように思います。

今の社会は次々に情報を処理しなければならず、複雑なものをそのまま受け止めようとすると、思考と心のキャパシティがものすごく必要になるからです。

容易にカテゴライズせず、踏み止まってあいまいさに耐える。

これは、人間関係でも大切なものです。

「あの人はいい人／悪い人」と相手をどちらかに寄せることなく「いい部分も悪い部分もある」とまるごと引き受ける。

それができると、自分とは違う価値観の人とも長期的に関わっていけるようになる。

私自身がそう学んだ出来事がありました。

カウンセラーという仕事をしているのだから、いつも心穏やかなのだろう、と思われるかもしれませんが、実際には心揺れることもたくさんあります。

カウンセリングでは、私も相談者さんも「相談者さんにとっての幸せ」を第一に考えるので、目的が一致しており、利害が対立することは基本的には起こりません。

ですが、取材や本づくりといった仕事では、私と相手の目的が異なることがままあります。

先方と利害がガツンとぶつかり、しかし着地点をみつけなければいけない。

そんな状況で、相手がいい人なのか悪い人なのか、わからなくなったことがありました。

対立する部分があり、良くしてくれる部分もある。相手のちょっとした言葉遣いや態度に振り回されてしまい、疑心暗鬼になって、私は一体この人にどう接したらいいんだろう？　と。

ヘトヘトになってある方に相談したところ、こんなふうに諭《さと》されました。

「武田さん、もしかして『いい人』が存在すると思ってない？　いい人なんていないんだよ。いい部分があるだけだよ。牛の模様みたいにまだらなんだよ」と。

まだら。その考えは、最初はうまく理解できませんでした。

相手のことを「私とは合わないけど、この人も、この人の家族にとってはいい人なんだろうな」ととらえていたからです。

人間にはいい面も悪い面もある、とは思っていたけれど、そのとらえ方は、「今、その人の『いい面』が自分に向いている」というもの。

「あの件に関してはいい人だけど、この件についてはひどい人」という具合に、結局は「いい人／ひどい人」がいて、場合によって入れ替わるようなイメージを持っていたのです。

いい部分と悪い部分が——自分にとって都合のいい部分と、都合の悪い部分が——同時に存在する。

相手の一部分をみるんじゃなくて、その人の全体をみて同時に受け止める。

「同時に」というのがポイントで、私にはそれが本当に難しかったです。それをやろうとすると、ものすごく頭の容量を喰《く》うように感じたのです。

もしよければ、試しに「本当はいい人なんだけど」という人を頭に思い浮かべてみてください。相手のことを「あの人の、この部分は私と合わないけど、この部分は私と合う」とそのまま頭の中におくと、モヤモヤしませんか。

つい「総合的にみればいい人だよ」とかなんとか、いい人／悪い人のどちらかに分類したくならないでしょうか。

まだらとは、牛が「白」でも「黒」でもないように、その人を「いい人」「悪い人」のどちらかに寄せることなく、「あの人には、こんないいところも、こんな悪いところもある」と、そのまま受け止める、ということなのです。

「いい人」「悪い人」なんていない
(2)白黒の人間関係を抜け出す

私自身もその傾向があったのですが、安心できない環境で育つと、相手を白黒で判断しやすくなります。人間関係が「敵か味方か」「好きかキライか」しかなくて、「ふつう」というエリアがほとんどない状態です。

味方と判断した相手には極端に甘えたり、部下であれば懐に入れてかわいがったりするけれど、相手のイヤなところ（自分の理想から外れるところ）がみえたとたんに大嫌いになったり、敵認定してしまう。

そういった場合に「自分の性格に問題がある」と思いがちなのですが、そうではありません。白黒の人間関係は生まれつきの性格ではなく、過酷な環境を生き抜くために後天的に学習せざるをえなかった「対処法」です。

いつ否定されたり、攻撃されたりするかわからない。そんな環境で育つのは戦場にいるようなもので、相手が敵か味方かはっきりしないと怖いのです。

「少しずつコミュニケーションをとって相手を知る」なんて余裕はなく、敵か味方かいち早く判断しないと危険。

そんな白黒の人間関係は、まわりも大変だし、本人も苦しいです。

自分を大切にすることを学び、本音を言えるようになって「人って、案外優しいんだな」という安心感が育ってくると、よくわからないものや曖昧なものをそのままの形で抱えられるようになります。

相手のイヤなところがみえたとき、不安にかられるのではなく「様子をみてみよう」

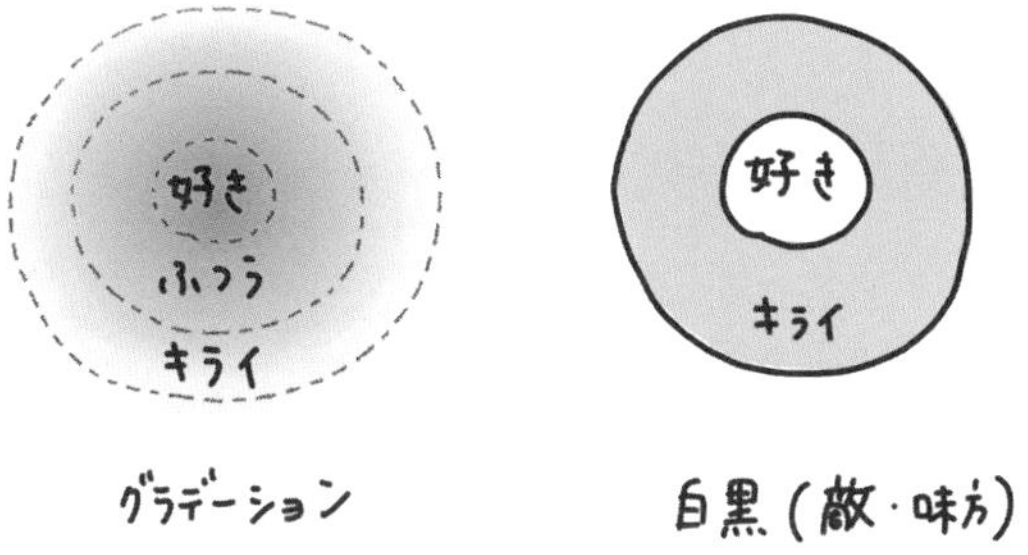

「そういうときもあるよね」と落ち着いて考えられるようになるのです。

いい人・悪い人とカテゴライズせず、牛のようにまだらなものとして、相手全体をみる。

慣れないうちは大変だけど、意識するうちに、私も少しずつできるようになっていきました。

特に変化したのは、人間への見方がまろやかに、長期視点になったことです。

私は相手を「いい人だなぁ」と思って、あとからしんどくなることがあったのですね。「いい人」というフィルターをかけてみてしまうから、理不尽なことをされてもとっさに気づけないし、適切に怒ることができなくて。

でも、「まだら」として相手をとらえるようになってからは、初対面の相手が丁寧に接してくれたとき、「いい人だ！」と感激して相手を信じてしまうのではなく、少し心の距離をおいて「丁寧に接してくれてありがたいな」と、その行為を単体で受けとるようになりました。

相手を理想化しすぎない、ほどよい距離感を保ちやすくなったのです。

相手をまだらとしてとらえるために役立ったのが、27ページでお伝えした「頭の中で相手を悪く思っても大丈夫」というスキルです。

苦手な人への対処法として、「どんな人にもいいところがひとつはあるから、相手のいいところを探しましょう」というのがありますよね。

けれど実際にやろうとすると、それはずいぶん難しい。

イヤだという気持ちを抑えつけると、かえって相手にアレルギーを起こします。どんなに相手のいいところを思い浮かべてもモヤモヤするし、「でもさぁ！」と反発心が湧いてくる。

ところが、「相手のこういうところがイヤ」としっかり認めると、スッキリして「こういうところはイヤだけど、でもまぁ、○○なところはすごいんだよなぁ」など、相手のいい部分がみえてきます。

「イヤな部分は素直にイヤだと思っていいよ」と本音を丁寧に受け止めることで、相手を客観視でき、振り回されずに心の距離をとれるようになるのです。

相談者のAさんは、友人と遊びに行った時、ランチの写真を撮られるのにモヤモヤしていたそうです。私が頼んだランチなのに撮られるのは損した気分になる、と。一方で、そういう自分を「心が狭い」とも思っていたそうです。

私からは「友達の行動をイヤだと思ってもいいんですよ」とお伝えしました。

Aさんはそれまで、まわりに対してネガティブに思うことを自分の中で許していなかったそうで、「イヤだと思っていい」ということにまずはびっくりしたそうです。まわりの人にいい顔をしたくて、イヤだという気持ちさえ封印していた。それでいつのまにかストレスが溜まっていたようだ、と振り返っておられました。

その後実際に「イヤだな」と思ったとき、相手を嫌いにはならなくて再び驚いたといいます。「イヤだ」と「キライ」はちがうのだ、と気づいたそうです。

少しずつ自分の気持ちを認めることで、人に対しても物事に対しても、やわらかい気持ちでみることができるようになったそうです。

相手のすべてを好きにならなくても、大丈夫。

いい部分も悪い部分も同時にある。

相手を「まだら」としてみることで、「好き」「キライ」ではない「ふつう」のエリアも広がって、これまでにない人間関係のつくり方ができるかもしれません。

コラム

繊細さと神経質のちがい

この本では「繊細さ」という言葉をよく使いますが、繊細さとは何を指すのか定義したいと思います。

この本でいう「繊細さ」とは繊細な気質（HSP気質）のことであり、より具体的にはアーロン博士のDOESを指します。

DOESをもとに、私は繊細さを、

「ひといちばいたくさんのことを感じ、深く考え、味わう気質」

と表現しています。感じ、深く考え、味わう中で人への共感も生まれます。

ひとつお伝えしておきたいのは、「繊細な気質」と「神経質な状態」は別物だということです。

両者は混同されがちで、たとえば「職場のあの人、繊細さんだと思うんですよね」と誰かが言ったとして、それが「繊細さん」ではなく、神経質な状態の人を指していることがしばしばあります。

では、繊細な気質と神経質な状態は、一体なにがちがうのでしょうか。

1．生まれつきの気質か、後天的な状態か

まず、繊細な気質は「背が高い・低い」のように生まれつきの気質であり、神経質な状態は後天的なものです。アーロン博士は、著書『ひといちばい敏感な子』の中で、「臆病や神経質、心配性や落ち込みがちな性格というのも、HSPが持って生まれた遺伝的なものではなく、後天的なものである」と述べています。

繊細さんにも非・繊細さんにも、神経質な状態は起こります。繊細さんが神経質な状態だということもあるし、非・繊細さんが神経質な状態だ、ということもあります。

2．自然体なのか、強い不安があるのか

繊細な気質なのか、それとも神経質な状態なのか。カウンセリングの経験上、両者を見分ける方法のひとつは不安の強さだと私は考えています。

仕事でも家事でも「ここが間違ってるな」「こうするともっと良くなる」とパッとわかったり、「あの人イライラしてる」など相手の感情に気づいたりするのは、繊細さんにとって自然なことです。机におかれたコップに気がつくように、ごく自然に、小さなことや相手の感情に気づくのです。

一方、「間違ったらどうしようと不安で、書類を何度もチェックしてしまう」「相手の機嫌が悪いと、自分のせいかもと不安で仕方ない」「いつも人の顔色をうかがってしまう」など背景に強い不安がある場合は、おそらく神経質な状態です。

ごく単純化すると、書類の間違いであれ、相手の感情であれ「他の人が気づかないような小さなことによく気づく」ところまでが気質であり、気づいたことをどう解釈するか（極端に不安になるのか、それとも「まぁ大丈夫だろう」と思えるか）は、それまでの経験に影響を受けているのです。

神経質な状態は、不安な状況から身を守ろうとして後天的に生じるものです。

自分を否定される環境や、安心感を得られない環境で育つと、自分で自分を守らなくてはなりません。「少しでも間違ったら責められるのではないか」「なにか悪いことが起ころのではないか」と、まわりの状況や相手の感情にアンテナを張って過ごすようになり、神経質な状態になります。

これは本人が悪いのではなく、それだけ大変な状況を生きてきたのだということです。

悩みや生きづらさには、気質だけではなく、育った環境（家庭や学校）や、今いる環境（職場や人間関係）との相性、社会の状況など、様々な要因が影響しています。

ですから、悩みや生きづらさがある場合、どこまでがHSP気質によるものなのかは慎重に見極める必要があります。カウンセリングで、相談者さんが「繊細さに悩んでいる」とおっしゃっていても、ふたを開けてみると要因は他にある場合もよくあるからです。

たとえば「自分に対してではなくても怒っている人が近くにいると怖い」というご相談があったとしますね。これは一見、HSP気質によるものと思われるかもしれませんが、カウンセリングをしていくと「父親が怒鳴る人で幼い頃ずっとおびえていた」などのエピソードが出てくることがあります。

くり返しつらいことを体験したり、虐待とまではいかずとも不適切な養育を受けたことによってトラウマを負い、それが「人と一緒にいると安心できない」「月経前になると極端に気分が落ち込み、制御困難なイライラが起こる」などの生きづらさにつながっていることもあるのです（複雑性ＰＴＳＤや発達性トラウマ）。

「繊細さんがトラウマを抱えている」という場合もありますから、強い不安や過去のトラウマがあり、それゆえに敏感になっているのか（神経質な状態やトラウマによる症状）、それとも、自然体で小さなことに気づくのか（ＨＳＰ気質）、このふたつを見分けながらカウンセリングを行う必要があります。

「生きづらいのは全部ＨＳＰ気質だからだ」と思ってしまうと、他に要因があって本来は解消していける悩みであっても、「ＨＳＰだから仕方ない」で止まってしまいます。それはとてももったいないことです。

つらいときには、どうかひとりで我慢せず、医師やカウンセラーなどの専門家に相談してみてくださいね。

※トラウマ症状に対してはＥＭＤＲやソマティック・エクスペリエンシング、思考場療

法といった治療法が開発されています。参考文献に記載の書籍もご覧になってみてください。

第3章
より深く自分とつながり、人や社会に出会う

色気と秘密の匂い。真面目という防御を解いて

年下の友人とランチへ出かけたときのこと。

半年ぶりに会った友人は、ずいぶん色っぽくなっていました。長い髪を肩の後ろにまわし、にっこりと姿勢良く微笑んでいて。いつもふんわり優しい人なのですが、その日は特別に、春の花が舞うような空気感でした。

友人は会社を辞めると決めたそうで、来週にも上司に告げるタイミング。その話を聞いて、この華やかさは、転機を迎えた人の色気なのだなと思いました。

カウンセリングの場で実感することなのですが、仕事であれ人間関係であれ、「こうする」と決めたあとには、花が咲くように「その人らしさ」が外見に表れます。

制服のようにグレーのカーディガンを羽織っていた方が明るい服を着るようになったり、髪をうしろでひとつにキュッと束ねていた方が、ふんわりとパーマをかけたり。

無難な格好に守られ、奥に隠れていた「その人らしさ」が表に出てくるのです。

同時に、秘密の匂いもただよいます。

聞かれたら無防備に答えてしまうのではなく、信用できる人にだけ話すし、答えたくないことは「フフフ」と笑ってかわすことができる。

相手に対して何をどこまで出すのか、その判断がためらいなくできるようになるのです。

自分を出すと同時に、守るべきところは守る。

「その人らしさ」と秘密が相《あい》まって、匂い立つような色気になるのだと思います。

こうした変化は、はたからみると「ずいぶん変わったな」とわかるものなのですが、本人には自覚しにくいものです。まわりに「雰囲気が変わったね」「きれいになった」と言われて「えっ、そう？　そういえばそうかも……」となった経験のある方もいるかもしれませんね。

変化においては、まずは「感覚」が変わり、そのあとで「思考」が追いつきます。

感覚の変化は、選ぶものに表れます。

「なんとなく、これまで着てこなかった色の洋服に惹《ひ》かれる」

「着心地のいいインナーがほしくなる」

「髪をピンで留めて、おでこを出そうかな」など。

ひとつひとつは小さなことでも、これまで選ばなかったことをいくつも選んでいると、それらが積み重なって目にみえるかたちになります。

たくさんの小さな変化を経て初めて「私、変わったのかも」と気づくのです。


変化は自覚しにくいけれど、外見や行動をみれば、内面の変化を推測できる。

私はこの法則を使って、自分の変化をみつけては楽しんでいます。

たとえば朝、紅茶を飲むとき。

「なんとなくこのカップがいいな」と選んだカップが真っ白でパリッとした雰囲気のものなら「おっ、今日はやる気なんだな」と思いますし、丸みのあるぽってりしたマグカップであればすこし休みたい気分。

仕事の方向性でも、「私はこれからどうしたいんだろう」と迷ったら、ここ数ヶ月の行動を洗い出します。

なんとなく着たくなるのは、カチッとした服か、ふんわり系か。

あびるように心理学の本を読んでいるけれど、特にどのアプローチの本を手にとっているか（同じ心理課題を扱う場合でも、様々な技法やアプローチがあるのです）。

最近、YouTubeで◯◯さんと△△さんを見始めたけど、彼らのどこに惹かれているのか……。

手にするもの、みるものには「今の自分の感性」が表れています。

これからどうしたいのか、自分の本音がわからないときも、行動をみれば心を読み解ける。「なるほどこっちの方向へ進んでいるんだな」とわかるのです。

先日、取材で写真を撮っていただく機会がありました。日程は一ヶ月前ぐらいから決まっていたけれど、どうしても「これ！」という服が浮かばなかった。

私は手持ちの服が少なくて、「今の自分」にしっくりくる3～4着をその季節のあいだずっと着るというスタイルなのですが、ついこの間までヘビロテしていた服がしっくりこないのです。悪くはないけどベストじゃない。

「心境が変化してるんだな」と思ったものの、取材までにぴったりくる服をみつけられず、サマーニットに紺色のタイトスカートというシンプルな出《い》で立ちで撮影を終えました。


それで、取材の帰りにふと洋服屋さんに立ち寄ったら、アロハシャツと目が合ったのです。テロンとした生地に目玉焼きがプリントされた、ゆるゆるのアロハシャツ。


試着して即決でレジへ。お会計をしながら、

「ああ——、今の気分って、こういう感じだったのか」

と胸を衝《つ》かれました。そりゃ仕事用の服がしっくりこないはずだ、と。

同時に、真面目さを脱ぎ捨てる時期がきたんだな、とも思いました。

真面目さは自分の性質でもあるけれど、「ちゃんとしないと困ったことになるかもしれない」という恐れからくる面も大いにあったから。

もっと色濃くのびやかに、心を表現したい。言葉にエネルギーを乗せたい。

そう望んだとき、真面目さを脇において心を開くことが必要になったのです。


心を開くことは、自分を守れることと表裏一体《ひょうりいったい》です。

「もっと心を開いたらいいのに」と言われた経験のある方もいるかもしれませんが、心を開くとはそう簡単なことではないのです。

心を閉ざしたのは、過去に大変な思いをしたからですね。怖さを知る人間が心を開くとは、「防御を解く」ということなのです。


心を開くには、世界への安心感と、自分を守れる力が必要です。

「あんなにひどいことはめったに起こらないだろうし、たいていの人は優しいものだ」と安心・安全を体感できていて、

「もし大変なことがあっても、今の自分ならきっと大丈夫」と自分の力を信じられること。

不当なことをされたときには、怒りの体感覚を――腹の底が熱くグラグラ湧き立つような感覚を――信頼して、怒れること。

いざというときに自分を守れるから、防御を解いて、心を開けるのです。

なんにもないけど、いい一日

秋のある日、メールと家事で一日が終わってしまったけれど、心穏やかに過ごせた日でした。

夕方、保育園へ娘をお迎えにいったあと、そのままふたりで定食屋さんへ。

黒板に書かれた今日のおすすめ、顔なじみの店員さんたち。

天井からぶらさがっているペンダントライトがひときわ明るく感じられて、「今日はいい日だったんだなぁ」と改めて思いました。

大人になってから気づいたのですが、私は、心の状態によって明かりの感じ方が変わります。いい状態のときはあたりを明るく、光をまろやかに感じますし、ストレスが強いときは暗く感じる。疲れすぎているときは蛍光灯の光がビカビカと目に刺さり、明かりを一段階落としたくなります。

心と体は連動してるんだなと思います。ストレスが続くと肩が凝《こ》ったり、女性の場合は生理痛が重くなったりと、心と体の連動を経験した方もいるかもしれません。


心境によって明かりの感じ方が変わる。

初めてそれを経験したのは約7年前、会社を辞めると決めたときです。

長時間労働の末に休職し、復職して、もうすぐ1年になる頃でした。

復職後、どうにか出勤していたものの、なかなか心身が安定せず、うまく働けない。そんな自分を責めていたし、会社を辞めたいけれど辞めたら将来どうなるのかと怖くて、ひとり暮らしの家でよく泣いていました。

独立を考え始め、仲の良い同僚や姉に相談してみると、「フリーランスで生計を立てるなんて、世の中そんなに甘くないと思うよ」という意見から「もうさ、そんなにつらいなら辞めたらいいじゃん？」という意見までありましたが、何を聞いても心が定まりません。

決められない日が続き、不安はやがて苛立ちへと変わっていきました。

「どうして一歩踏み出せないんだろう、私はいつまでこの状態なんだろう！」

コーチングコーチの山口さんに相談したところ、

「会社員＝安定、フリーランス＝不安定という構図の中にいてはいつまでも抜け出せません。自己都合で生きてください」

と、きっぱりしたメールが返ってきたのです。

お昼休みにメールを読み、息も絶え絶えに会社の廊下を歩いていたとき、

『ああ。会社を辞めてもいいんだ』

という思いがふいに湧きました。

フリーランスで生活を安定させることは、できることなんだ。これからなにがあろうと、自分でどうにかしていくべきことなんだ。

そう腹落ちしたことで、それまでどうしても選べなかった「会社を辞める」という選択肢が、現実のものとして現れたのです。

そして「会社を辞めてもいいんだ」と思った瞬間、「いま廊下の蛍光灯がついた？」と思うくらい、あたりをぱっと明るく感じました。

当時はストレスが強く、感じていたらやっていけない状況下で感性を封じていたけれど、ものすごく悩んでいる状態から一気に浮上した瞬間だったから、明るさの変化を感じられたのだと思います。

明るさの変化を再び感じたのは2年前。会社を辞めてフリーランスになり、相談業で食べていけるようになったあとのことです。

間接照明のともる落ち着いたごはん処《どころ》で、友人と互いの近況を話していました。

大きな窓のすぐ向こうに銀杏《いちょう》の木があり、ライトアップされて、黄金《おうごん》の炎のように美しく燃えていました。

その頃私は、絵の個展をしようかどうか悩んでいました。自分で描いた水彩画や油絵をホームページに載せることはあったけど、会場を借りて不特定多数の人に原画をみてもらうのは、やったことがなかった。

私にとって、絵は文章以上に心を映し出すものであり、原画を人にみせるのは勇気がいることだったのです。


個展をやりたいんだけど、迷う。

「やりたい」ってことはわかってるんだけど、怖くて体が動かなくなったりもする。

そんなことを話したら、友人が「個展、すごくいいと思う。武田さんに似合う」と言ってくれて、間接照明がいくつもついたかのように、ぱっと店内を明るく感じたのです。

明るさの変化を二度経験したことで、「明るさで自分の本音がわかるんだ！」と思いました。それ以降、迷ったときには光のみえ方を指針にしています。

何かをしたり思ったりしたあと、ふっとあたりを明るく感じたら、きっとそちらへ進みたいのです。

心と体の連動を信頼することで、日常的に明るさの変化を感じるようになりました。なんでもないいつもの夕方、眠たくなった3歳の娘が膝にのってきて、しばらく抱っこ。すると、ふーっとまわりを明るく感じて「抱っこって、いいんだなぁ。リラックスするんだなぁ」と思ったり。

メールと家事で一日が終わっても、今日みたいに心穏やかな日は、定食屋さんの明かりがまろやかにみえたり。

「光のみえ方が変わる」なんて書くと特殊な人みたいですが、そうではないのです。心境を表す言葉として「目の前が明るくなる」「目の前が真っ暗になる」という表現がありますよね。あれは比喩ではなく、自律神経の変化によって実際にそう感じられるのです。

現代は頭で考えることが多く、体の感覚をじっくり感じる機会も少ないけれど、「心境によって体感覚が変わる」ということは、多かれ少なかれ、みんなが持つ感覚なんじゃないかなと思います。

夫のつりーさんも繊細さんですが、彼は、元気なときには「街の景色が立体的になって、スコーンと遠くまでよくみえる」といいます。

相談者さんからも、

「カウンセリングの帰り道、電車の中で広告の色が美しく、鮮やかにみえた」

「鳥の鳴き声がよく聞こえるようになった」

「仕事で悩んでいたときは砂の中を泳ぐようで体が重かったけれど、今はすごく軽い」

といったお便りをいただくことがあります。

光の明るさだけではなく、色のみえ方や体の重さなど、心境を表す体感覚には様々なバリエーションがあります。

視覚、聴覚、嗅覚、触覚、味覚という五感のうち、どれを感じやすいかはひとそれぞれちがうけれど、体感覚は心を映し出しています。

だから、なにか迷うことがあれば、体感覚を手がかりにする。

それは、本音を大切に生きるにあたって、とても良い方法だと思います。

「わたし」であることを望まれて、わたしになった

自分がいま、どう感じているのか、どう思っているのか。

本音を感じられるようになったのは、30代になってからのように思います。

長いこと「まわりの人のニーズに応える」という生き方をしてきたので、「自分」というものがあまりなかったのです。

会社を辞めてフリーランスになったあと、つりーさんに出会いました。穏やかな彼といると心がくつろぎ、不思議でした。

人と一緒にいると「こうしてほしいんだろうな」「困っていそうだな」など細かく予測してしまう。これは私が繊細さんだからというよりは、育った環境に要因があるので

すが、相手のニーズをキャッチしたら「叶えなきゃ」と焦ってしまう。
でも、彼からは不思議と「こうしてほしい」というニーズを感じなかったのです。

一緒にいると、自然の中にいるみたいでした。
自然がただそこにあり人間に細々《こまごま》と望まないように、彼といても「こうしてほしい」という声が聞こえてこない。穏やかに水の流れる河原のようでした。

不思議で、尋ねたことがあります。

「もっとこうしてほしいとか、ないの？」

すると、ない、ない、と言います。
「友紀さんが、自分のままで元気でいてくれたらそれでいい」といったことを、とつとつと話してくれたように記憶しています。
珍しい人もいるもんだなぁと思いました。

ただ、それまで相手のニーズに応えることで自分が成り立っていたので、「自分のままでいる」という感覚がよくわからなかったのです。

わからなかったから、それまでと同じやり方を使って
「『自分のままでいてほしい』というニーズに応える」
という形をとりました。

一緒に暮らす中で、家事の分担や部屋の模《も》様《よう》替《が》えなど、「こうしたいんだけど、どう思う？」と聞く。あるいは勝手にやってしまって様子をみる。

すると、ＮＯと言われることが本当になかった。

「料理がキライすぎてお米をとぐのさえやりたくない」（今は料理もしますが、当時は本当にダメだったんです）とか「冬に調子を崩しやすくて夕方まで寝ている日がある」とか、さすがにこれはダメだろうということも、恐る恐る聞いてみると、全然大丈夫だったんです。

料理は彼、掃除は私という分担になりましたし、彼は出勤するのに私がずっと寝てい

るのもイヤな気持ちにさせるのではと思ったけど、聞いてみると「えぇ？　別の人間なんだから、それぞれでいいと思うよ」という返事。

「これもいいのか、あれもいいのか。さすがに怒られるかと思ったけど、これもいいのか……」

彼がＯＫを出してくれるのをお手本に、私は自分にＯＫを出すことを学んでいきました。

「こんな自分はダメだろうな。きっと嫌われる」と思っている部分を、僕と君は別の人間だからそれぞれに行動していいんだ、元気でいるのが一番なんだと安心させてもらえる感じでした。

「困っていそうだな」から「お茶いるかな？」まで。

私が予想して、応えなきゃ応えなきゃと焦っていたニーズは、短期的・表面的なものだったのだと思います。

一緒に暮らしていると、「こうしてもらえたら助かる」ということはいろいろあるけれど、「明日は朝から会議だから保育園への送りを代わってほしい」とか「牛乳買ってきて」とか、そういったものは短期的・表面的なもの。
元気でいてほしい、幸せに生きていてほしい、というのが、長期的・本質的なもの。

自分のままでいてほしいというのは、ときには相手の短期ニーズを叶えずに、自分のキャパシティや、やりたい・やりたくないという本音を大切にすることでした。「相手にイヤな思いをさせないこと」でも「相手のニーズに全部応えること」でもなかったんです。

自分でいることを望まれ、私は一体どうしたら元気でいられるのかな、と試行錯誤《しこうさくご》するうちに、豆乳がお豆腐になるように少しずつ、「自分」というものが姿を現していきました。
「自分が元気でいることと相手への思いやりは、両立できるんだ」というのも大きな発見でした。

相手のニーズに応えられないことは、ワガママなことではないのですね。「自分が自分が」と、自分のために相手を押しのけることにはならない。

自分が幸せでいることで、ちょっとした手助けが難なくできるし、心に余裕があるぶん自然と優しくなれた。

「私はこれをやったんだから、あなたもこれをやってよね」というギブアンドテイクではなく、「いま余裕あるから、それやっとくよ」という自然な思いやりが発動するようになりました。

自分のままでいることで、人と一緒に生きることが上手になっていったのです。

ポンコツな自分と一緒にいよう

全然、頭が働かない……。

冬のある日、ＨＳＰを特集するテレビ番組に出演することになったのですが、収録を数日後にひかえてぼんやりしています。

心ここにあらずで娘の言葉に生返事だったり、通販で買った延長コードが不良品だったので返品しようと箱に戻したんだけど、そのままどこかへやってしまったり（次の日、引き出しの中からみつかりました）。

収録前はカウンセリングの予定を入れないからいいものの、元気が出ない。全く冴えない。しかし、原稿の締め切りは迫っている。

「もうすぐ締め切りなのに、頭がぼーっとして原稿を書けない」

とつりーさんに訴えたら、

「テレビがあるからじゃない？　友紀さん、収録の前はいつもそうだよ。あと冬だから原稿の穫《と》れ高が減るんだよ」

と返されました。

穫れ高って、農作物か。

まぁ、冬は活動量が減りますよね（減りませんか？）。20代の頃は季節なんて関係なく働き通しだったけど、「春夏秋冬、常にバリバリ働けます」なんて、生き物としておかしいんだろうなぁ。


うーん、せめて朝日をあびよう。

つりーさんがテレビ会議をしているリビングで、もそもそとお盆にマグカップとお茶碗を載せ、ベランダへ。

太陽がぽかぽかとあたたかい。お白湯を飲み、胃に食べ物が入ると、気分も少しだけ晴れてきました。


しかし、テレビってこんなに緊張するものなのか。みんなそうなのか。私だけなのか。何度か出させていただいているのに、すんなりホイホイとはいけないものなのか。数日前から動けなくなるなんて、こんな極端な反応は、もしかしてトラウマが関係しているのだろうか……。

いろいろ考えるけど、なんにせよ頭が働きません。

収録が終わるまでは諦めよう。テレビが終われば頭も動くだろう。

諦めて、収録までの数日間、YouTubeをみたりテーブルの食器を片付けたり、しいたけ占いを読んだりと、ぼんやり過ごしました。

常にシャキシャキ働くべきだ、と思っていたらしんどいですが「あと3日は仕方ない」と思えば気もラクです。こうした割り切りが、何年も練習してようやくできるようになってきました。

すべてをベストな状態にもっていかず、ときには「うーん、まぁいいか」と進めていく。昔はこれが本当にできなくて、なにごとにも時間がかかりキャパオーバーしていたのですが、「まぁいいか」を練習することで、ベストじゃなくても物事は進むことがわかってきました。

繊細さんたちから、たびたび
「つい完璧にやろうとしちゃうんです」

「手を抜いていいって言われても具体的にどうすればいいのかわからない」

「仕事で『〇〇してください』って言われたら、本当にそのルールから一ミリも外れちゃいけないと思っちゃう」

といったお話を伺います。

意識せずとも先々のことまでよく考える繊細さんにとって、手の抜き方は後天的に学ぶスキルだと思うんです。

誰かが手を抜いているところをみて、「そのくらいでいいんだ」と真似して、塩梅《あんばい》を学んでいく。

「手を抜く」という概念がまず必要だし、なにより「抜いてもまぁ大丈夫だろう、生きてはいけるだろう」という安心感がないと、手を抜くことは怖くてできないんですね。

なので、娘がおもちゃで遊びながら「うーん。まぁいっか！」「そんなときもあるよね」と言うのをみると、密かに「いいぞいいぞ！」とエールを送っています。

手を抜くことに似た話なんですが、自分を良くし続けるのって大変だと思うんです。

「楽しいからもっとやりたい」のはいいけれど、「自分のこんなところがダメだから、もっともっと良くしなければ」と自分を向上させ続けるのは、坂道を登り続けるようなしんどさがありますね。

深刻な悩みがあるときは、その状況から一刻も早く抜け出すために、自分と向き合ったりカウンセリングを受けたり、「こうしたらいいよ」というハウツーを試してみることも必要です。

でも、深刻な悩みが山を越え「なんとなくもう大丈夫そうだな」と感じるようになったら、自分を良くしていくこと、つまり自分を治すのは終えるタイミングなんだと思います。


私は子育てが始まってものすごく悩んだ時期がありまして、「これは自分ひとりではどうにもならない」とカウンセリングに通ったんですね。2年ぐらい通って、自分の幼少期の思いやトラウマに取り組み、生きることそのものが本当にラクになりました。

ところが、峠《とうげ》を越えたあとも「先生からみればまだダメなところがあるだろうから」と通い続けるうちに、だんだん元気を失っていったんです。

まるで、ちいさな虫歯をなくそうとして、歯そのものをガンガン削っているような……いつまでも自分を否定し続けているような、そんな気分になりました。困っていたときには有効だったカウンセリングも、そんなに困っていないのに受け続けるうちに、悪さをし始めた。

「先生からみればまだまだかもしれないけど、私の体感としては充分平和になったし、この辺でもういいだろう。また心底困ったら、相談に行こう」

思い切ってカウンセリングに行くのをやめると、しおれた花がたっぷりの水を得たように、みるみる元気になりました。

人間の変化には様々なバリエーションがあり、「変わらなきゃ、変わらなきゃ」と思っていた人が「変わらなくても良いんだ」と思えるようになる、という変化のしかたがあります。

「変わらなきゃ」という気持ちそのものが、変わる。

私は、この変化のしかたをとても大切にしています。

それは自分を深く肯定し、「自分の行動によってこれから何が起ころうと、自分でその責任を引き受けていこう」と**自分の人生を引き受けた**ときに起こる変化です。

誰かに危害を加えたり、生活の質を極端に下げたりするものでなければ、だめだと思う部分があってもやっきになって直すのではなく「今は低調だから、低調なりに過ごそう。時間がたてばおさまる」というのも、大切な自分の引き受け方です。

自分を信頼し引き受ける日々の中で、自分への理解が深まり、ある日はらりとかさぶたがとれるように、過去の思いが消化されることもある。専門家のサポートを受けて峠を越えれば、あとは必要な変化が自然と起こってくるのだと思います。

「こういうのが良い状態だ」という「あるべき状態」は、本当にないんですよね。

本音を大切にするといいよと何度も本に書いてきましたが、それは「本音を大切にできればOKで、大切にできないのはNG」ということではないのです。

人生には思いもよらないことが起こるし、どんな環境に生まれるかも選ぶことはできない。避けようもなく痛みを負うこともあります。

ぼんやり波間《なみま》にただよう時期も、人を信じられない時期も、心身を削ってひたすらがんばる時期も、「あの人を見返したい、どうしても認められたい！」と、幸せとは逆方向へ全力で突っ込んでいく時期もあっていいのだと思います。

植物が、種の時期も茎だけの時期も、雨で泥だらけの日も花として咲いたときも、もしかしたら花が咲かなくても、全部がＯＫのように。

生きることは、いま生きているというだけで、本当は全部ＯＫなのだと思います。

アナログな手仕事、あたたかい記憶

「しばらく遠ざかっていたけど、編み物を再開しました」

「絵を描き始めました」

「手作りっていいなぁと最近思うんですよね」

相談者さんや友人からこんな話を聞くと、「お〜、いいねぇ！」と嬉しくなります。

「ゆっくりしたいと思いつつ、いざゆっくりしてみると〝なにか生産性のあることをしなきゃ〟とザワザワする」

「お昼寝したり遊んだりすることに罪悪感がある。休んでないで資格の勉強をしたり、将来に備えて自分を向上させなきゃ」

など「常に有意義《ゆういぎ》なこと、生産性のあることをしなくては」と追われていた相談者さんが「幸せ」に目を向け始めると、手仕事が復活することがよくあります。

手仕事に目が向くのは、「成果」から「幸せ」へと気持ちが移り変わるサインなのです。

子どもの頃、一心に絵を描いたり、マスコットや巾着袋を縫った記憶はありませんか。ひたすら手を動かして作り上げていくおもしろさを、大人になるにつれて忘れてしまうのですね。

幸せを大切にし始めると、「役に立つこと」「将来のため」「生産性」ではなく、今この瞬間、自分のために楽しむ時間が増えてきます。

編み物を始めたり、パーツを選んでアクセサリーを作ったり、下ごしらえを楽しみながら料理を作ったり。

無心に手を動かす時間を、再び愛しく思えるようになるのです。


こんな話をバリバリ働く一回り年下の友人にしたところ、「手作りは素敵ですけど、買ったほうが早いと思っちゃうんですよね」と一言。

それはもう、その通りですよね。時間で考えれば買ったほうが早いですし、刺繍でも料理でも、手作りのほうが材料費が高くつくこともしばしば。費用対効果では大量生産品に勝てません。

それでも、いいんです。


買ったほうが早い・安いというのは、出来上がりの「結果」をみています。

ですが、アナログな手仕事の良さは結果ではなく、作っている時間そのものの幸せと、その後も続くあたたかい記憶にあるのです。

たとえば梅仕事。八百屋さんで、また梅の季節が来たんだなぁ、今年は梅ジュースにしようか、それとも梅酒かと思いをめぐらせる時間。

梅の実の甘い香りがただよう部屋で、すべすべの産毛《うぶげ》に触れながらヘタをとり、コロンコロンと瓶におさめる時間。

そろそろできたかな、どんな味になったかなと味見するワクワク。

大量の梅ジュースがあっという間になくなり、来年も作ろうと家族と話す時間。


食べ物であれ編み物であれ、ものを作るのは既製品を買うのとは全く異なる体験です。作りながら思い出が一緒に編まれていくような、ぬくもりのある時間が流れています。

幸せは、報酬としてあとから与えられるものではなく、それを実際にやっている最中にも、充実感やおもしろさを感じられるもの。

あのとき嬉しかったな、幸せだったなぁと、あたたかな情景が思い起こされ、後々まで心を豊かにしてくれるものなのだと思います。

「言葉が伝わる」ということ
（1）繊細さんたちとの出会い

言葉が伝わらない気がするとき。

まわりから「『察してほしい』じゃダメだよ。言葉で説明しなきゃ伝わらないよ」と言われて、「それはそうだけど、なんかちがうんだ。本当に伝わらないんだ」と思うとき。

そんなとき一体なにが起こっているのか、私の体験を書いてみたいと思います。

言葉が伝わらないといっても様々なケースがありますから、ひとつの例として読んでいただけたらと思います。


「きれいだね」と言っても、伝わらないことがありました。

たとえば河原。

お日さまが照って空気があたたかく、澄んだ水音がしている。

姿はみえないけれど、草の陰、ほうぼうで虫が鳴いている……。

私の「きれいだね」という言葉には、眩しく光る風景やのどかな気持ちなど、たくさんのものが背景にあったけれど、「きれいだね」と言ってもその発音しか伝わらない。お日さまが照ってあたたかいね、水音がしているね、この風景を一緒にみられて嬉しいよ、と全部を説明しないと気持ちを受け取ってもらえない。

そのことがとても悲しかった時期がありました。

言葉で説明することは、たしかに必要です。でもその当時、私が感じていた「伝わらなさ」は、そういうこととはちがいました。

自分が当たり前に読み取り、発しているものが相手に受信されないもどかしさ。微笑んでも相手に通じなくて「私はいま笑っていて、だから嬉しい気分だよ」と、なにもかもを説明しなければならないような悲しさでした。

夫のつりーさんに出会い、お気に入りの河原へ一緒に出かけたとき、「きれいだねぇ」と伝えたら、穏やかに「うん。きれいだねぇ」と返ってきました。

たった一言だったのに、伝わっている感じがして、とてもとても驚いた。
つりーさんの言葉に私と同じくらい、いろんなものが入っていると感じた。
「言葉が伝わった」と思えた初めての体験でした。

言葉が伝わる、伝わらないって、なんなのだろう。
どこで感じ分けているのだろうか。

当時は一体なにが伝わっていないのか、どうしてそう感じるのかわからなかったけれど、いま思えば、相手の中に言葉がどのくらい響くのかをみていたんですね。
私が「伝わらない」ともがいていたのは、言語ではなく非言語の部分だったのです。

河原から帰ったあと、つりーさんに
「『きれい』が一言で伝わってびっくりした。どうしてわかるの?」
と聞いてみました。
「え、だって。あんな絵を描く人が、単に『きれいだ』って言うわけないじゃない。いろんなものを感じて『きれいだ』って言ってるんでしょう」

ごく当たり前のようにそう返されて、再び驚いたのです。

言葉は、感じていることのほんの一部しか表せないです。

河原に芽吹《めぶ》く春の草、岩にあたるやわらかな水音、太陽、一緒にいられる嬉しさ……そういった100の背景をひとつひとつ説明するのではなく、「きれいだねぇ」という言葉で手渡して、本当にそうだねと言葉を受け止めてもらえたとき。

手渡した言葉がひとつでも、受け手の中で「それってこういうことなんだろうな」「自分にもそういう体験があったな」などと豊かに感情が動き、相手の心に10、100と波紋が広がっていったとき。

言葉とその背景にある気持ちも含めてやりとりできて初めて、私は「言葉が伝わった」と感じられたのです。

全く同じではなくても、同じぐらいたくさんのことを感じ、深く考えながら、景色をみている人がいる。

言葉が、発音だけではなく、その背景も含めた豊かなものとして伝わる。言葉の温度や気持ちも一緒に受け取ってもらえる。

それはとても嬉しいことでした。

一方、つりーさんと一緒に過ごすにつれて、寂しさも増したのです。

言葉が深く通じる人をひとりみつけたことで、これまでどれだけ伝わっていなかったかに気がついた。


他の人と話すと、「言葉が通じていない」と感じてしまう。

世界の隅《すみ》でひっそり生きていくしかないのだろうか。

言葉の通じるごく少数の人としか、関われずに。


そんな思いを抱えながら、私はSNSを通して、繊細さんたちとつながり始めました。

会社員時代からブログを書いていて「河原に寝転がって空を見上げています。気持ちよくて帰りたくない」といったように、繊細な生活をオープンにしていたこともあり、ブログの読者さんには繊細な人が多い気がしていました。

でも、2014年当時はHSPという言葉自体がほとんど知られておらず、ハッシュタグもない時代。アーロン博士によれば、繊細さんは5人に1人いるというけれど、一体どこにいるのだろう。

この人は繊細さんかなと思える人たち、数人とブログでつながっていましたが、それ以上は自力でみつけきれず、リンク集を作ることにしました。

「自分が『繊細さん』だと思う方は、手を上げてください。繊細さんたちがお互いをみつけられるようにリンク集を作ります」

各参加者のブログのURLと、簡単な自己紹介、繊細さんたちに向けた一言。

それだけを載せたシンプルなリンク集でしたが、リンク集のことがぽつぽつとシェアされ、半年で約150名の繊細さんたちからコンタクトがありました。

「繊細さんって、こんなにたくさんいたんだ！」

と驚きとともに実感したのです。

（約2年後、HSPの認知度が広がりハッシュタグもできたことから、リンク集は役目を終えたと判断し、掲載終了）

リンク集に参加してくれた人のブログをみにいったり、「今日の出来事をただのんびり話しませんか」とオンラインのお話し会を開催したり、自宅でおせち作りのイベントを開催したり。

ブログで知り合った繊細さんたちと話す時間はとても豊かで、心の存在をありありと感じられる時間でした。

繊細さんたちが集まると、場の雰囲気をふかふかに感じました。

みんな相手の言葉に自然と耳を澄ませるし、ひとつひとつ考えながら話すので、テンポもゆっくりめ。

ちょっとした表情や声のトーンまで、ふかふかっと自然にキャッチされていく。非言語部分をきめ細かく使いながら会話ができる。

それは、言葉の伝わらなさにもがいていた私にとって、ようやく母国語が通じた感覚でした。

言葉が伝わる相手はいる。少なからぬ数がいる。そう思えたのです。

「言葉が伝わる」ということ
(2)コミュニケーションのちがいを超えて

その後、HSP向けのホームページを立ち上げ、HSP専門カウンセラーとして700名を超える繊細さんからご相談を受ける中で、繊細さんと非・繊細さんのコミュニケーションのちがいを、よりはっきり知ることになりました。

私の仕事が特殊なのは、相手が「繊細さん」かどうかがわかった上で関わるという点です。相談者さんのほとんどは繊細さんですが、中には「本を読んで相談したくて」という非・繊細さんもいらっしゃいます。

本の編集者さんや雑誌のライターさんなどは、名刺交換のあと、自己紹介がてら「実は私もHSPなんですよ」あるいは「私は非・繊細さんなんですが……」といったことを軽くお話しされ、そのあと打ち合わせが始まることが多いです。

私から相手に「あなたは繊細さんですか、非・繊細さんですか」と尋ねることはめったにありませんが、繊細さをテーマに取材にいらっしゃると、自然とそんな流れになります。

そうして繊細さん、非・繊細さんの両方と関わるうちに、「繊細さんは、素で細やかなコミュニケーションをする」と実感するようになりました。

うなずきの大きさやアイコンタクト、声のトーン、笑ったときの表情。繊細さんはひとつひとつの非言語のチューニングが、非・繊細さんよりも段違いに細やかです。

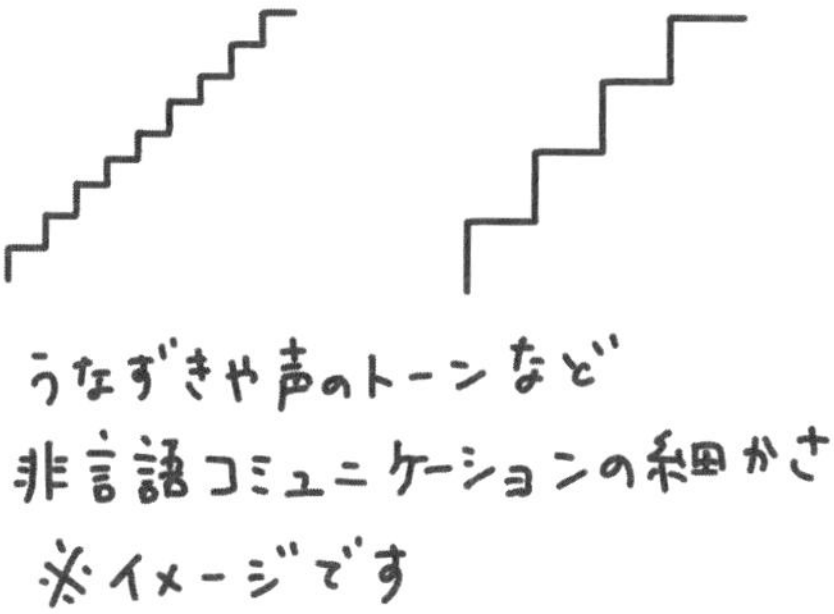

うなずきひとつとっても、こちらの小さなうなずきを読み取るし、また相手に読み取ってもらえる前提で小さなうなずきを発する。

私の個人的な印象ですが、繊細さんは、読み取りの精度も出力の精度もどちらも細かく、非・繊細さんよりも非言語のやりとりを多く使うように思います。

雑誌の編集者さんとライターさん、あるいはテレビ番組制作のスタッフ陣など、繊細さんと非・繊細さんが両方いるチームと打ち合わせすることもあります。

私はその場にいる全員に同じ話をするのですが、繊細な感覚に話が及ぶと、繊細さんのスタッフが「ああ、そうですよねぇ〜！」とうなずく一方、非・繊細さんのスタッフは「へー、そうなんですか（よくわからないな）」という反応になることもよくあります。

繊細な感覚というのは、それを持たない人にとっては、本当に理解しにくいものなのだと思います。どちらがいい・悪いということではなく、ただちがう。

以前はそのちがいにひるんでいたけれど、繊細さんたちと出会い、「言葉は伝わる」

という安心感を得たことで、私はもう一歩、もう一歩と言葉を尽くすようになりました。「わかってもらえないだろうから」と、わかってもらうずっと手前で引き返すことをやめて、相手の様子をみながら、それまでよりもたくさん言葉を発するようになったのです。

非・繊細さんに対して言葉が増えただけではなく、繊細さんに対しても、きちんと言葉で伝えるようになりました。非言語のやりとりは読み間違いもありますし、繊細さんどうしでも伝えたいことは言葉で伝えたほうが確実だからです。

心を開き、思い切ってえいやと話すにつれ、「今日はお天気ですね」といったちょっとした挨拶でも心が行き交うことを感じられるようになりました。

そうやって仕事でもプライベートでもいろんな人と話すうちに、気づいたことがあります。

私が長年、言葉が伝わることを実感できなかったのは、気質もあるけれど、それまでの経験も関係していたのだということです。

言葉が伝わらないことに幼い頃から深く傷ついていて、繊細さんたちのように細やかに深く受信してくれる人と話すことでしか「伝わっている」と感じられなくなっていた。

吹雪の中に何年もいて、屋内に戻るだけじゃ体温が戻らない。あたたかいストーブのすぐそばにいないと震えてしまう。そんな状態だったのだと思います。


いま、繊細さんの友達も、非・繊細さんの友達もいます。

繊細さんの細やかさに心がゆるまるときもあれば、非・繊細さんの明朗さに助けられるときもあります。

友達になれるかどうかに背の高さは関係ないように、その人を好きだという気持ちは、気質をひょいと超える。

一緒に笑って話ができること、今はそれが嬉しいです。

成長の木。「人間とはこういうもの」という枠を超えていく

カウンセリングで、仕事選びのご相談を多くいただくのですが、

「やりたいことをみつけたい」

「自分にはどんな仕事が向いているのだろう」

といったご相談が、親や祖父母、兄弟姉妹など、原家族《げんかぞく》（自分が育った家庭の構成メンバー）の話につながっていくことがよくあります（以下、原家族を代表して、カウンセリングで話題にのぼることの多い「親」と書きます。「親」とあったら、それは原家族のことだと思ってくださいね）。

たとえば「こんなに大変な仕事はイヤだと思って転職するけれど、転職先でも職場環境が悪かったり忙しすぎたりと、なぜか苦労することになる」という悩みがあるとしますね。その方のお話を伺うと、仕事選びの背景に、親の影響がみえ隠れすることがあるのです。

親御さんが仕事の鬱憤《うっぷん》を家族にぶつけながら働く姿をみるうちに、いつのまにか「苦労してこそ仕事。楽しめるうちは働いていることにならない」という仕事観ができていた。

すると、転職活動でいくつか内定をもらっても、明るく楽しそうな仕事を避けて苦手なことがメインの（自分にとって）重苦しい仕事を選んだり、「働くことはつらいこと」という認識になってしまって、働かなきゃと思いつつどうしても気力が湧かない、などが起こることがあります。

人間は多かれ少なかれ親の影響を受けるものですが、その影響が自分らしく生きることを妨げているとき、カウンセリングのテーマとして浮上してきます。

親の影響を受けていたと知り、「まさか今の問題がこんなところにつながっていたなんて」と驚く方もいれば「なんとなくそうかなと思っていたけど、やっぱりそうでしたか」とおっしゃる方もいます。

親への葛藤《かっとう》を人には言えないことのように思い、隠したくなる方もいます。

しかし――親への葛藤がない人なんて、いるのかね？

というのが、カウンセラーとしての正直な心情です。

どんなに元気にみえる人でも、心を掘れば行き当たる。それが親子関係（原家族との関係）なのだと私は思います。

なにせ、親の影響って、本当に強力なのです。

社会人の方は、一社目で働いたとき「会社ってこういうものなのか」と思いませんでしたか。あるいは初めてアルバイトをしたとき「へぇ、アルバイトってこんな感じなのか」と。職場も仕事内容も実際には千差万別のはずですが、それでも最初の職場が、「働くって／アルバイトって、こんな感じなのか」というなんとなくの基準になります。

そのとてつもなく強力なバージョンが、親（原家族）なのです。

自分が木だとすると、育った家庭で学んだ価値観は庭の枠、育つ中で受けたトラウマは地中の岩のようなものです。枠は必ずしも悪いものではなく、自分を守ってくれる面もあります。

枠や岩の大きさは、人によって異なります。

虐待的環境や安定しない親の態度、学校でのいじめなど、浅い位置にごろりと大きな岩が埋まっていて、早い段階から人間関係や仕事上の悩みを引き起こしている場合もあれば、岩が奥深くに埋まっていて、なんの問題もないようにみえることもあります。

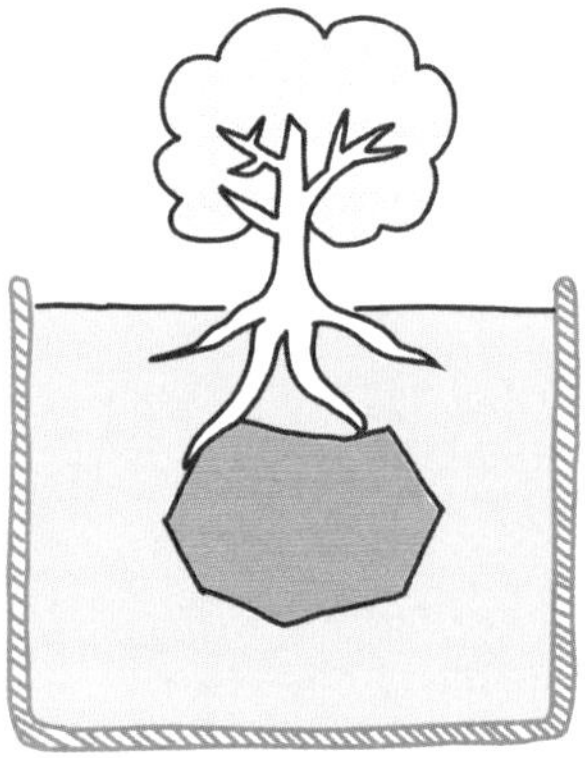

自分という木が小さいうちは、岩の存在にも、そこが庭であることにも気づきません。
これまでの経験と与えられた価値観の中に収まり、違和感を抱かない状態です。
木がめいっぱい成長すると、根っこが岩や庭の枠に当たり始めます。
仕事や人間関係で同じような課題を繰り返したり、「先に進みたいんだけど、どうしても進めない」という状態となって現れてくる。

それ以上は、岩をどけ、庭の枠を超えないと大きくなれないところまで行き着くのです。

ですから私は、カウンセリングで親子関係が浮上してくるときは、「相談者さんがなんらかの問題を抱えている」という見方ではなく、「岩に取り組む準備が整ってきた」「親の枠組みを超える段階まで成長した」という見方でとらえています。

「人間はこういうもの」
「働くってこういうこと」
「家族と暮らすってこんな感じ」
など、親との暮らしで培《つちか》われた価値観を、自分に合うものへと更新する段階にきたのです。

本音を口にしてみたり、やりたいことをやってみたり。

「本音を言っても大丈夫だった」

「やりたいことをやってみたら応援してもらえた」

「仕事って『つらいもの』じゃなくて、充実しながら働くことができるんだ！」

などの経験を重ねる中で、これまで持っていた価値観が変化していきます。


安心できない家庭で育ち、カウンセリングが進んだ相談者さんがよくおっしゃるのは「人って優しいんですね」という言葉です。

冷淡だったり否定的だったり、関心を寄せてもらえなかったりと、育った家庭が安全ではなかっただけで、世の中の多くの人はいきなり自分を否定したりはしないし、自分が嬉しいと思うことを一緒に喜んでくれる。


優しさや思いやり、助けてもらえること。

意見がぶつかっても話し合っていけること。

育った家庭には乏しかった人間らしい思いやりが、花のようにあちらこちらに存在していることに気づく。原家族に学んだ人間観が変わるのです。

「世の中は／人間は、こういうものである」

岩を穿《うが》ち、原家族という枠を超えたとき、自分という木はさらに大きく成長し、より自分らしい人生へと可能性が開かれていきます。

コラム

「私は繊細さんなのかしら？」と疑問に思ったら

HSPの概念を知り、関連書籍を読んで「これはまさに自分のことだ！」とおっしゃる方もいれば、「HSPセルフテストはけっこうあてはまったんですけど、うーん、自分は繊細さんなのかというと、どうなんですかねぇ……」とおっしゃる方もいます。

後者の場合、「非・繊細さんで内向的な人」である場合があります。

内向的な人はよく考えるので繊細さんのようにみえますし、HSPセルフテストでも複数の項目にあてはまることがあります（アーロン博士によるHSPセルフテストにはいくつかのバージョンがありますが「23問中12問以上あてはまればHSPの可能性がある」というテストで8～11個ぐらいあてはまる方が多い印象です）。

HSPセルフテストをしてみたけれど繊細さんかどうかわからない、という場合は、アーロン博士のDOESにすべてあてはまるかを確認してくださいね。

さて、ここからは私の経験上の話なのですが、非・繊細さんで内向的な方は繊細さんのようにみえることがありますが、話の内容は繊細さんほど細かくなく、わりとざっくりしています。コミュニケーションのときの表情のコントロールも、繊細さんのようにはきめ細かくない。

そんな方に「私はＨＳＰなんでしょうか」と聞かれたとき、アーロン博士のＨＳＰセルフテストとＤＯＥＳをご確認いただいた上で、「内向的ではあるけれど、繊細さんではないと思います」とお伝えすると「たしかにそうです」と大きくうなずかれます。

また、「人生の途中から繊細さんになることってあるんでしょうか？」とご質問いただくことがあります。

ＨＳＰは生まれつきの気質であり、途中から「繊細さん」になることはありません。

ただ、非・繊細さんが、一時的に繊細さんっぽくなることはあります。

職場でパワハラにあったり、人間関係で傷ついたりすると、もう二度とあんな目に遭わないようにと、相手の感情や周囲の状況に対して敏感になります。小さなことが気になる状態になりますが、それは不安から生じる一時的な状態であって、「自然体でも小

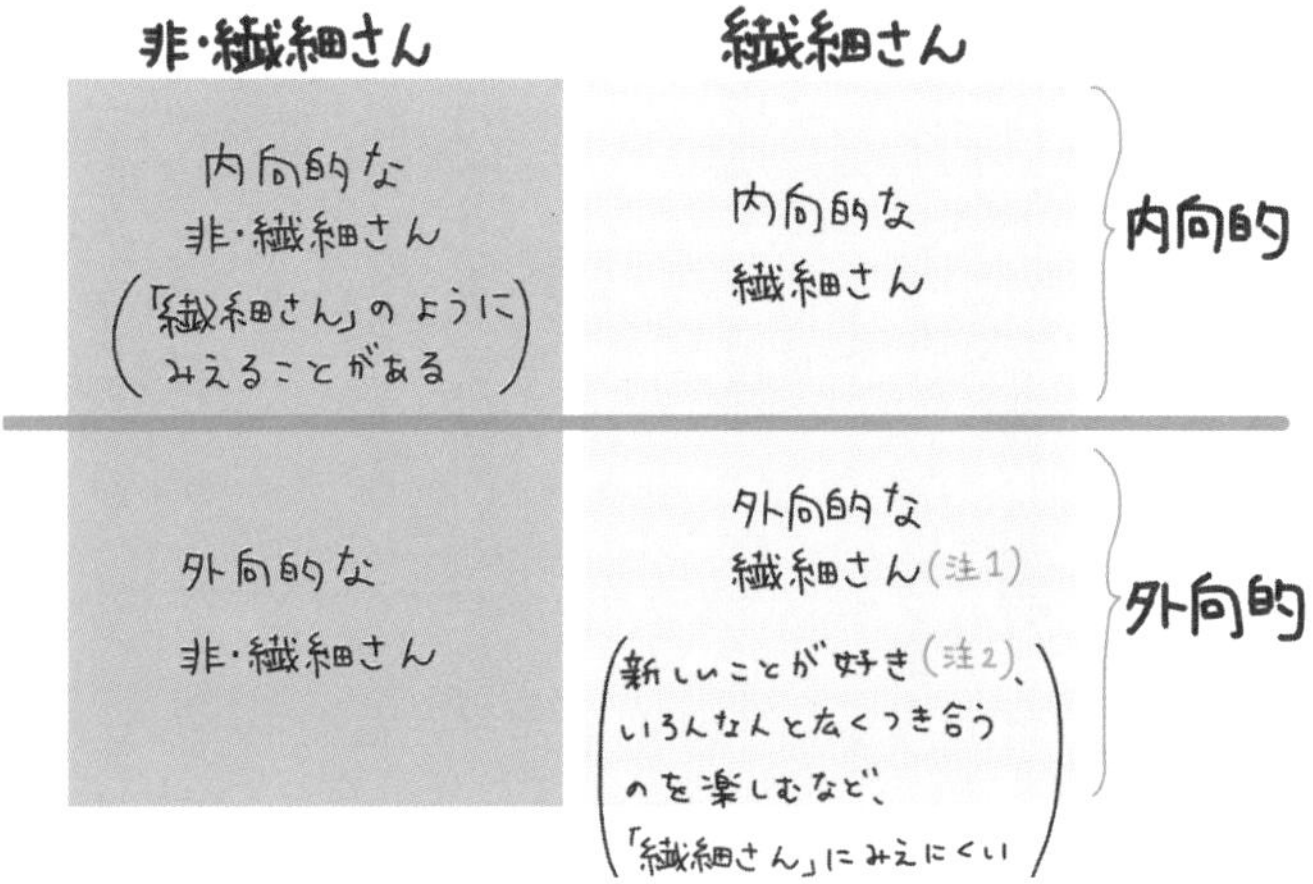

注１．外向的なHSPはHSE（Highly Sensitive Extroversion）と呼ばれます。アーロン博士によると、HSPの約30％が外向的だそうです。ここでいう外向的とは、大勢で集まったり、いろいろな人と知り合ったり、広く浅くつきあうのを楽しむ性格のことを指します。

HSEについては、アーロン博士のHPの日本語版http://hspjk.life.coocan.jp/blog-introversion-extroversion.htmlに、カウンセラーのジャクリーン・ストリックランドによる記述があります。

注２．HSS（High-Sensation Seeking、刺激探求型）と呼ばれる、好奇心旺盛で、新しい刺激を求める人たちがいます。HSSはHSPとは独立した気質で、HSPの中にも非・HSPの中にもHSSがいます。HSEの大半はHSSである可能性が高いと言われています。

さなことによく気づく」という生まれつきの繊細さんとは別物です。

そうした方は、生まれつきの繊細さんとはちがい「幼い頃から小さなことに気づいて生きてきた」わけではないのですね。「学生の頃までは別になにも気にしなかったんだけど、社会人になってつらい経験があって、それ以降いろいろ気にするようになった」など、明確な変化点があることが多いです。

そんな方には「大変なことがあって一時的に敏感になっているだけで、本当は繊細さんではないと思いますよ」とお伝えすると、安心されます。


カウンセリングの場で、ご本人が「自分が繊細さんかどうか知りたい」とはっきりおっしゃった場合に限りますが、繊細さんは「繊細さんだ」とわかることで、非・繊細さんは「繊細さんではない」とわかることで安心される場合がほとんどです。

HSPの概念を詳しく知って「たしかにそうだ」と腑に落ちるか、それとも「なんだかスッキリしない」と感じるか。

自分のことは自分が一番良くわかっていて、それにあてはまるのかどうか、きちんと感じられるのだと思います。

人間って、本当の自分がわかると安心するんだな。

自分でいられることって嬉しいことなんだなぁ、と思います。


なお、ひとくちに繊細さんといっても様々な人がいます。物静かな方もいれば、人前に出て話すのが好きな方、新しいことに興味を持ってどんどん行動する方もいます。

その人が繊細さんなのか非・繊細さんなのかは、パッとみではわかりません。

信頼できない相手からいきなり、あるいは、身近な人からであっても否定的なニュアンスで「あなたは繊細さん／非・繊細さんだよ！」と言われるのは単なる決めつけになりますから、それはやらないでくださいね。

第4章

変化のあとに、新しい未来がみえてくる

幸せに仕事して、幸せに暮らしていよう

仕事をいくつか断って、ほっとしています。

本を出版して以降、取材や講演会など様々なご依頼をいただき、「繊細さんを知っていただくチャンス」とばかりに引き受けてきたけれど、「今ががんばりどきだ」という「今」が一年近く続いて、心がパサパサになってきたのがわかる。

ずっとこの調子じゃ心を削られる。私が幸せじゃないぞ、と依頼を断る方向へ舵を切りました。

仕事を断るまでは何日も悩み、断ったあとも「もしかして早まったかな。どうにかして引き受けられたら良かったのかな……」といろんな考えがめぐったけれど、心と体は正直でした。

全身の緊張がラクになり、心もふわりと自由になって、へとへとだった体に「これからまたがんばろう」と力が湧いたのです。

無理をしすぎていないかの判断は体の他にもわかりやすい目安がありまして、それは私の場合、子どもがかわいくみえるかどうかです。心に余裕がないと、幼児と一緒にいるのって本当に大変なんです。

夜に「歯みがきしよう」と声をかけても、「いまあそんでるの」と逃げまわる子どもにやっとこさ口をあけてもらい、みがき終えたあとに「おなかすいた」と言われる。「おなかがすいたまま寝るのは切ないよなぁ、しかし冷凍ごはんも、ちくわとか簡単につまめるものもない。仕方ない……」と冷凍うどんをゆでたら「やっぱりいらない」となったり。

余裕のあるときなら「おなかすいたか、そっかー。でももう寝る時間だから、お水飲んで寝るよ。ぽぽちゃんのお話してあげる」などと気をそらすのですが、自分がへとへとだと、そんな機転も幼児をノセて動かす気力も残っていないのです。

心が落ち着いていると、子どもがかわいくみえます。

ぽやぽやのほっぺたに、おなかのまるいフォルム。

おもちゃを口にくわえて「きめつのやいぶ。ねずこ」とみせにきてくれたり、カタコトで保育園の出来事を一生懸命しゃべってくれる、その一言一句が愛らしい。

自分の余裕しだいで子どもへの接し方が変わるなんて。いつも一貫したあたたかい態度でいなきゃ、と情けなく思っていましたが、なんていうか、そういうものなのです。

自分の心理状態は、家族に出てしまう。

必死に苛立ちを抑えても、積もればいずれ爆発してしまう。

子どもに優しくできなくて何時間も落ち込み、仕事が滞ってさらに落ち込む、という悪循環に何度もはまるうちに、「イライラの根本原因に取り組まなきゃダメだ」と思うようになりました。

自分のキャパシティを直視し、「このくらいできるはず」「がんばればなんとかなるかも」と引き受けるのをやめて、仕事量を調整していく必要があったのです。

家族といる幸せと、仕事の幸せは、循環しているなぁと思うんです。

仕事が幸せたっぷりじゃないと家族との関係に影響するし、家族と穏やかにいられる

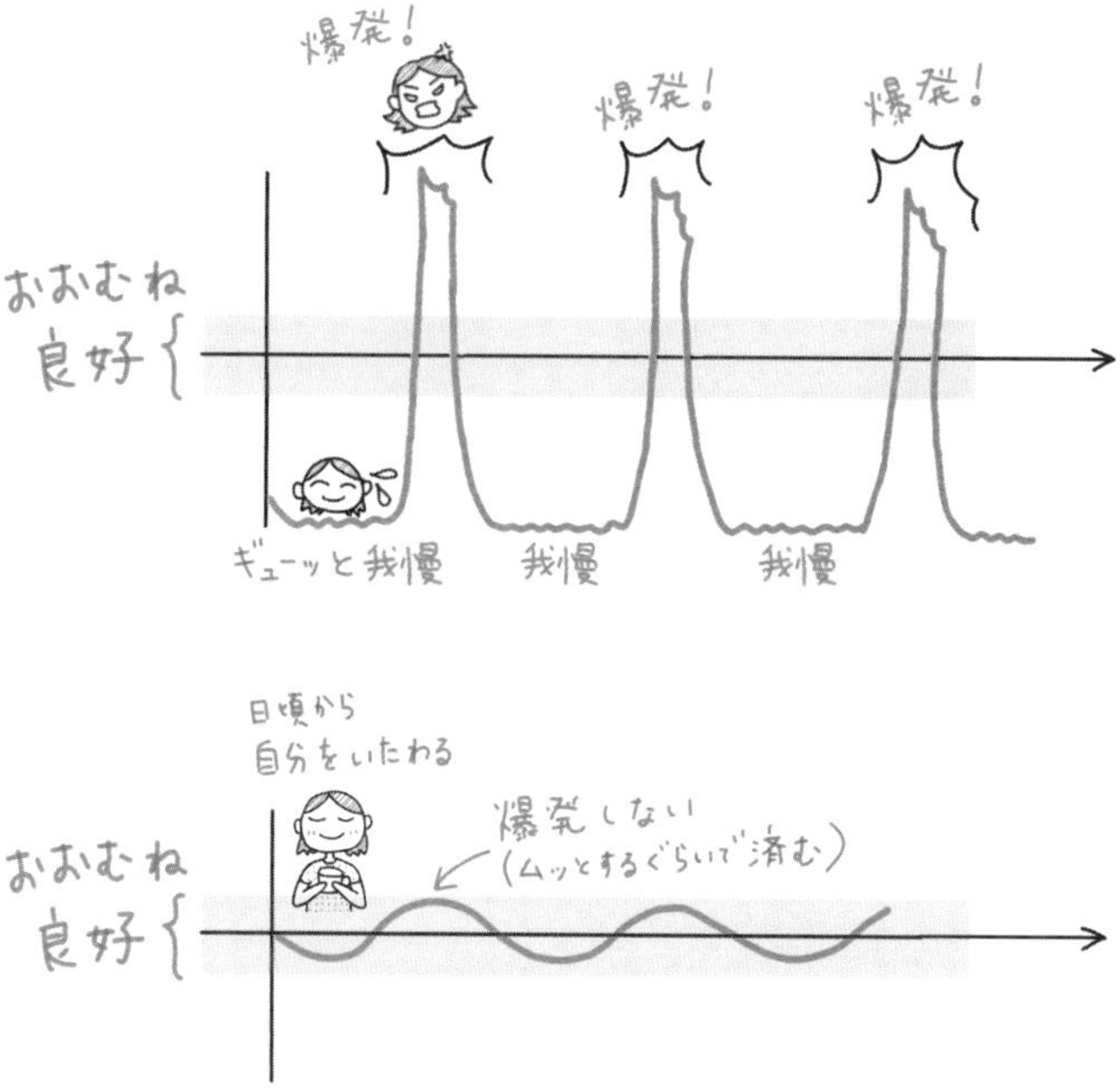
爆発！
爆発！
爆発！
おおむね
良好
ギューッと我慢
我慢
我慢
日頃から
自分をいたわる
爆発しない
（ムッとするぐらいで済む）
おおむね
良好

図：気分の波

と心がぽかぽかとあたたまって、いい仕事ができる。

会社員時代もフリーランスになってからも、起きているあいだずっと仕事のことを考えているような人生だったけど、「家族と心穏やかに過ごせる」ということは、どうしようもなく幸せの中核にあるのです。


幸せに影を落とすものは、大きな仕事だろうと断るぞ。

そう決めて実際に断ったことで、怒濤《どとう》の日々から抜け出し、深く息を吸えるようになりました。

「幸せに仕事して、幸せに暮らしていよう」と改めて思えたのです。

人生の主導権を取り戻す

仕事を断るようになってから、いくら眠ってもへとへとだった体に力が戻ってきました。ここ半年ぐらい、どんなに長時間眠っても朝起きたときから疲れていて、体力の底が抜けた状態だったのです。

もともと体力がないからかな、最近ずっと忙しかったからかな、と思っていたのですが、体力をつけるためにお散歩しようと思っても、そもそも体を動かす気力が出てこない。半年ほど不調が続き、さすがに体の病気ではと内科へ行ったのですが、血液検査も異常なし。

困り果てて漢方薬局をたずねると、脈診してくれたSさんから、緊張状態を指摘されました。


話が飛びますが、カウンセリングで相談者さんから、

「定時で終わる仕事で、自分でもそんなに負荷はないと思うのに、家に帰ると毎日ぐったりしている」

「仕事で疲れ果て、休みの日はひたすら寝て回復にあてている」

など「自分でもおかしいと思うぐらいすぐに疲れる／いつも疲れている」というご相談をいただくことがあります。

心理的な面からみれば、疲れの理由は仕事への葛藤だったり、職場の人間関係だったり、はたまた過去のトラウマからくるものだったりと個々に異なるのですが、体の状態としてはみなさん緊張が強く、職場で気を張り詰めている場合が少なくありません。

私の今回のエピソードが緊張への対処として参考になるかもしれませんので、書いておきますね。

(体の病気が隠れていることもあるので、不調が続く場合は、まずはお医者さんに診てもらってくださいね)


漢方薬局のSさんは、次のように教えてくれました。

「武田さん。ずっと何かを考えていて興奮が続いているから、寝ても休めていないんです。

体力って、眠ることで回復するんですよ。今の状況は、へとへとになってる馬に『もっとがんばれ!』と鞭打《むち》っているようなものです。

だから、まずは興奮を鎮める漢方を出します。興奮を鎮めて、夜にちゃんと眠れるようにしましょう。興奮したままだと、体力を回復させる漢方を飲んでも効かないですからね」

この話を聞いて、思い当たるフシがたくさんありました。

もともとカフェインはとらないようにしていたし、ごはんも薄味派でしたが、がんばらなきゃいけない場面が増えるにつれて、珈琲や味の濃いごはんをバンバン投入するようになっていたのです。疲れているのにレッドブルを飲んでがんばる！　みたいな状態が長いこと続いていたんですね。

なぜ体力が失せていくのかわからない半年だったので、自分の仕組みがわかったことに心底ほっとしました。

その後、漢方を煎じて毎日飲み、食事のアドバイス（甘いもの・油・お酒は胃を興奮させるからなるべく避ける、腹8分目に食べる、眠る前の4時間は食べない、など副交感神経を働かせる食べ方をする）も極力守りました。

すると夜、お布団に入ってから眠りにつくまでが早くなり、うつらうつらだった睡眠も、意識がきちんとオフになってきました。どんなに眠っても朝から疲労困憊《こんぱい》していたのが、数ヶ月後には、休みの日に子どもと公園で遊べるまでに回復。

今回の私は、緊張状態に対して「漢方と食事」という体からのアプローチが効きましたが、これはあくまで対症療法なんですね。「そもそもなぜそんなに緊張していたのか」という疑問は残ります。

自分で分析してみると、これはやはり心理的なものだったろうと思います。

いま振り返ってみれば、緊張が続いていた時期は依頼に対して受け身になっていたんです。

テレビやラジオ、雑誌の取材など初めての仕事も多かったので、「やりたいか・やりたくないか」よりも、「せっかくだからやってみる」姿勢で進んできました。

最初はそれで良かったけれど、走り続ける中でいつのまにか「やらない」という選択肢がみえなくなっていた。

人前に立つプレッシャーが大きいままで、依頼が来たらやるという状態になり、主導権を手放していたから、外界に対して「次に一体何がくるのか」と身構えざるをえなかったのだと思います（この他、育つ過程で負ってきたトラウマも大いに関係していると思いますが、そのあたりはこれからの課題です。）。

喜びの少ない仕事は断ったり、自分側だけでスケジュールをやりくりするのをやめて納期を延ばしてもらったり。

「断る」という選択肢をつかみなおし、環境側を調整することは、私にとって「人生の主導権を取り戻す」ということでした。

迷いながらも自分で選択することで、心身に力が戻り、五感が復活しました。

考え事をしながら通り過ぎていた道で、紅葉し始めた葉っぱがきれいだな、青い空がどこまでもつながっているなぁなど、風景の美しさが再び目に映るようになったのです。

ゴッホのひまわり。心に深く潜って人々とつながる

「自分に栄養をあげよう」と思い、映画をみたり、美術館へ行ったりしています。

がむしゃらに働いていた頃、アートはよくわからないものでしたが、感性を大切にするにつれ、心を動かすものに出会いたくなったのです。

心を動かすには、心が強く映し出されているもの、つまりアートに触れるといいのかな、と。

絵画でも焼き物でも、アートは作家の心やその時代の様相を映し出していますね。美術館の作品は後世に受け継がれるだけあって、心の純度が高いというか、「渾身《こんしん》の心」がもりもりと具現化されているように思います。

その日はゴッホの「ひまわり」をみに、夜の美術館へ。

ロンドンから初来日したそうで、有名な絵画だけに、一度原画をみてみたかったのです。

ひまわりは、美術展の最後に飾られていました。窓のない薄暗い部屋で最低限の明かりに照らされ、何人もの人が取り囲んでいた。

縦が1メートル近くある巨大な絵は、遠目にみても異様な感じがして、容易に近づけない圧がありました。

気圧《けお》され、正視することができなくて、最初は横から近づきました。斜め下から見上げ、部屋の入り口まで戻り、息を整えてから、そろりそろりと正面から近づいて……。

「ひまわり」は、鈍い黄金にみえました。

得体のしれないものが胃に押し込まれるような異物感。異質な人間が描いた、理解できないなにかが目の前にある。

心の距離をおくことができず、理解できないまま、異様さに巻き込まれる感覚がありました。

美しいとかきれいとか、そういう純粋なものではなく、ごろりとした鈍色《にびいろ》の塊《かたまり》。うっすらとただよう狂気。

あの絵が一体なんだったのか、今でも言葉で表せないです。

「ゴッホのひまわりはこうだったよ」と言うことができなくて、「それはただそれという存在だった」としか言えない感じ。

しかも、しばらく時間がたってから思い起こすと、ゴッホのひまわりは、暗闇の中で光り輝く偉大な存在として思い起こされるのです。

実際にみた絵は、もっと鈍い色彩の、異物であったのに。


言葉では伝わらないものがあるのだと思います。その人と面と向かって話すだけでは、みえないものがある。

もしもゴッホと同じ時代に生まれ、近所に住んでいたとして。

お散歩ですれちがうたびに挨拶したとしても、彼の絵をみなければ、彼がどんな人なのか本当のところはわからないのではないでしょうか。

変わった人だなとか頑固そうな人だなとか、ざっくりした印象は持てたとしても、彼が世界をどのように感じ、どんな心のかたちをしているかは、おそらくわからない。

でも、絵をみれば、彼の心が垣間《かいま》みえる。


ゴッホだけではなく、現代を生きる私たちも同じなのだと思います。

目の前にいる相手が本当はどんな人なのか、どんな景色をみているのか。

ゴッホの絵をみなければゴッホの心がわからないように、私たちも、その人を一番よく表す手段抜きに、相手の心はわからないのではないか。

コミュニケーション上手が良しとされる世の中だけど、「その場でそつなく会話する」という意味でのコミュニケーションでみえるものは、その人の表面の、そのまたごく一部でしかないのだと思います。


もしもその人が、ブログや絵、歌、料理、写真や俳句など、なんらかの表現活動をしていて、その表現をみることができたら。

優しさも強さも、恐れも激しさも……、様々な感情の渦巻く心が、少しわかると思うのです。

「そうか、このように感じる人なのか」

「こんなふうに世界をみているのか」と。


ゴッホにとっての絵画のように、その人の「心のかたち」をくっきり浮かび上がらせる手段が、人それぞれきっとあるのですね。

ユーチューバーのように、画面越しに生き方をみせることで心のかたちを伝える人もいれば、絵で表す人、写真で表す人もいる。

表現手段が料理や文章、あるいは財務状況の分析や端的で美しいプログラム、起業家の場合は事業そのものだということもあるでしょう。

自分を一番色濃く表す媒体は、有形無形、様々な種類がある。


自分の心を偽《いつわ》らず、「私はこう感じる」「こう思う」と腹の底から表現することは、その人の心を映し出します。

時代を超え、距離を超え、ゴッホと仲良くなれなくても彼の絵に心が動かされるように、気の合う・合わないさえ超えて、「わたし」と「あなた」が心の深部でつながれる。

表現とは、魂の部分で、心が行き交う行為なのだと思います。

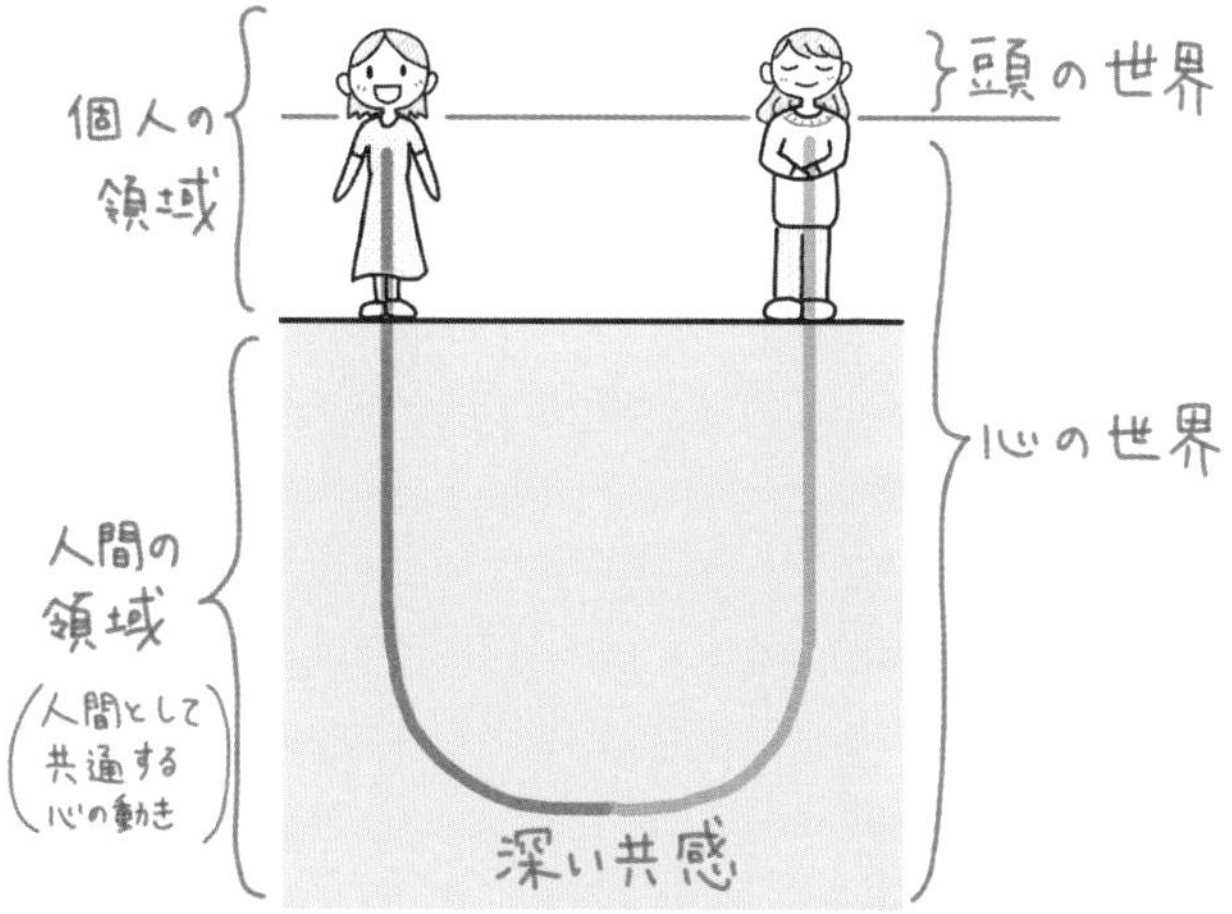

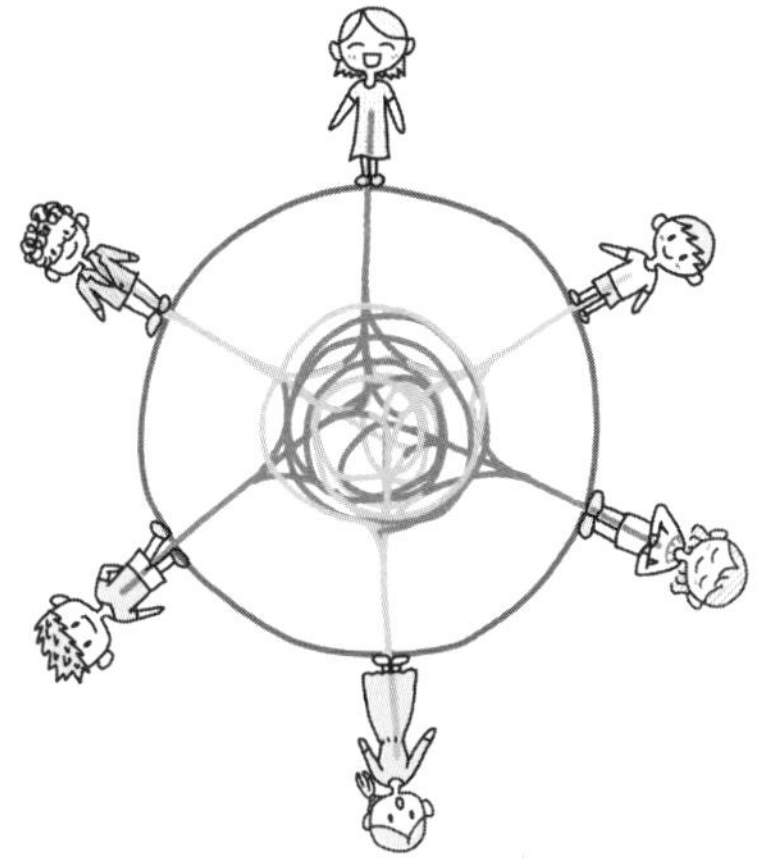

考え方や感じ方、価値観のちがいを
超えて、人間として共通の部分に届く

心を映すもの
(1)シェルターであり、光でもあった表現手段

ダンスの巧《たく》みなアイドルが、「あなたにとってのダンスとは」という問いに、こう答えていました。

「(ダンスは)人生。ダンスをしていないと、感情をコントロールできない」

占い師のしいたけ．さんは、noteにこう書かれていました。

「僕は22歳ぐらいになるまでいわゆるほとんど喋れない人間でした。(略)正直に言ってしまうと今でも喋ることよりも書くことの方が得意なのです。僕にとっての話し言葉って、今でも書き言葉の方なのです」

https://shiitakeofficial.com/n/nad268d6175dd より引用

心を一等表す手段は、その人にとって「そうすることで生きてきた」面があるのだと思います。

「好き」という言葉では足りない、もっと根源的な求め。喜びであると同時に、書くことで・描くことで・歌うことで、大小の困難を伴う現実を生きてきた、という命綱でもあったもの。

ダンスであれ文章であれ、突出する人は、それが実を結ぶかわからない時期から圧倒的な量を実践しているようにみえます。「どうしてもそれが必要だ」という切実さがあるから、飽きることも尽きることもなく何度も取り組み、技術が磨かれ、やがて才能になっていく。

才能になっているかはさておき、私にとって喜びであり命綱でもあったのは「物語」でした。

幼い頃からたくさんの本を読み、絵本を描いたり、ひとり延々と小説を書いたりと、私の中にはずっと物語がありました。

大人になった今、相談業・執筆・絵を描くという3つを活動の柱にしているのですが、私にとってはどれも「物語を読み書きすること」に通じています。

カウンセリングは、相談者さんの人生の物語を聴く仕事です。

架空の物語ではなく、生身のその人に現在進行形で起こっている、痛みと喜びを伴う物語。事実は小説よりも奇なりといいますが、相談者さんの物語は、私個人が想像できる範囲を軽々と超えて広がっています。

心とはこのようになっているのか、あのときの体験が今ここにつながるのかと、どこまでも発見が尽きません。

私にとってカウンセリングは、物語の中へ入るのと、物語の外からみるのが同時に起こるようなものです。

カウンセリングを始めた当初、相談者さんのお話を伺うと、相談者さんの人生の物語へ降りていく心地がしました。いま悩んでおられる地点に立ち、あたりを見回すと、風が吹く。

相談者さんの言葉の端々から、あるいは表情や声のトーンの変化から、「この方は、こちらの方向へ行きたいんだな」と、物語の進む先が少しだけ見えてきます。それを言葉でフィードバックしていく。

みなさんも、漫画を読んでいると「この子はこうしたいんだな」ってわかることがありませんか。主人公に自覚はなくとも、ああ恋をしたんだなとか、ついに自分の気持ちに気づいたんだな、とか。その感じに似ています（人間は漫画よりもずっと精緻《せいち》で複雑ですが）。

今はカウンセラーとしてのスキルも身について、もっとロジカルですが、相談業を始めた当初は、物語の中へ降り立つ感覚がずいぶん強くありました。

心を映すもの
（2）逃げ場なのか、メインステージなのか

今でこそ自分の軸が「物語を読み書きすること」にあるとわかり、お仕事にフル活用していますが、会社を辞める前後は「逃げなのか」と心揺れた時期がありました。

会社で働くのがつらくて、それで、物語に逃げただけなんだろうか。

会社を辞めてすぐはまだ相談業に行き着いておらず、絵を中心に生計を立てようと思っていたんですね。それもあって、物語が本当に好きなのか、それとも好きだと思い込もうとしているだけなのか、わからなくなったのです。

コーチングコーチの山口さんにご相談したところ「絵も物語も、逃げ場ではなくメインステージです」と後押しいただき、迷いながら何度もやるうちに、「物語の中でも、相談業がとにかくめっぽうおもしろい。絵を描くのも好きだけど、これは仕事というより日記みたいなものだな」と感覚がつかめてきました。今では逃げ場の感じはなく、山口さんに後押しされたように、本当にメインステージになっています。

私自身がカウンセラーとして繊細さんたちからご相談を受けて思うのは、「逃げ場とメインステージは、ある時期まで混在するものなのだ」ということです。

表現手法が絵や小説、切り絵など、どんな方法であれ、つらいことがあったとき、「物語の中に居場所を作って心を守る」という没頭の仕方があります。

現実がつらいから、空想を必要とする。必要にかられた、シェルター（避難所）としての物語です。

ひとりでは抱えきれない痛みやつらさを、物語という形で消化するためのものなので、表現したいことがマグマのように噴出します。

気分が高揚し、アイデアがどんどん出てきて、書いても書いても尽きることがない。生き延びるために生みだされる世界は、圧倒的な力を持っています。

私が「これは逃げなのか」と迷ったのは、当時、まだ心が傷ついていて、絵や文章に自己治癒の感覚があったからだと思います。

そこはかとなく「逃げ」の気配があったから信じきれずに迷ったけれど、今は物語を紡ぐことが、逃げ場であると同時に情熱だったのだとわかります。

文章、絵、俳句、歌、ダンス、料理……表現には無数の手段があります。

逃げ場になるならなんでもいいわけではなかった。そこに喜びがあるもの、強い情熱が湧くものを、手段として選んだんですね。

だからもしも今、好きなことを「逃げなのか」「仕事ではなく趣味なのか」と迷う方がいたら、その手段に心惹かれたという事実と、それをやっているときの喜びを、まっすぐに信じてあげてほしいなと思います。

それが仕事になるかどうかは、

「やりたいことをどうやって買ってもらえる形にするか」

「それを世に出すことに自分でも意義を感じられるか」

などによっても左右されるけど、その表現が自分にとって大切だということに変わりはないのだと思います。

心を映すもの
(3)誰のために、なんのために書くのか

創作の話が出たので、もうひとつ。

人生が進むと、一時的に創作が止まる時期が訪れます。

人生が穏やかになり、自己治癒を終えてゼロ地点に近づくと、マグマのように噴出していたアイデアが止まる。抱えた痛みをどうにかしたくて書いていたのが、出てこなくなるのです。

私は、絵も文章もぽっかり書けなくなった時期がありました。

「ただ書きたいから書く」「内側から噴出してくるストーリーやイメージを書き留める」という幸せな時期が終わり、「誰のために、なんのために書くのだろう」という疑問が初めて頭をもたげました。


美しいものを自分が味わったなら、それで充分じゃないか。

わざわざ表現なんてしなくてもいいじゃないか。


伝えたい先がぱたりとなくなってしまったような気がしました。

外に気持ちが向いていかない。話しかける表現にならない。

そんな時期を過ごしながら、美術館や写真家のウェブサイトで、先人たちのありように触れました。


絵画や写真、音楽、建築。心を尽くした作品をみると、

「私にはこうみえる」

「ここからみるのが美しいんだ」

と作家にささやかれている気がします。

その人がどんなふうに世界をみているのかを、一緒にみせてもらっている。


東山魁夷《ひがしやまかいい》氏の原画展へ行ったとき、会場に足をふみいれただけで涙がこみ上げました。

寂しくも美しい世界が足元から立ち上《のぼ》り、体ごと優しく包まれた気がして。

北欧の暗い森にかかるオーロラや、白馬の佇《たたず》む幻想的な森。

東山氏が「美しいものをみた」とつぶやくのを、隣で聞いているようでした。


文章でも絵でも音楽でも、自分の心を一等表す手段で、表現をすること。

日記のようにひっそり手元におくのではなく、誰かに提示すること。

その動機になるのは「一緒に」なのかなと思います。

心を開いて、語りかける。
寂しさを越えて、孤独を越えて、
自分がみた美しいものを一緒にみよう、ということなのだろうと思います。

魅力を発揮する
(1)相反する2つにOKを出す

YouTubeの「虹プロジェクト」を食い入るようにみています。

ガールズグループNiziUのオーディション番組で、参加者1万人超から選抜された少女たちが、歌やダンスの課題に挑戦していきます。

ステージが進むにつれてメンバーの立ち振る舞いが堂々とし、自分らしさがあふれて、おでこがつやつやに輝き出す。人間の変化を早送りでみせてもらったかのようでした。

同時に、自分を表現する怖さも目《ま》の当たりにしました。

充分にスキルがあるのに、どこか自信なさげにパフォーマンスを披露していたメンバーがいて、彼女の恐れはステージから伝わってくるのです。歌もダンスもすごく上手なのに、表情が怖がっている。

人前で魅力を表現するのは、こんなにも恐れを伴うものなんだ、と思ったのです。


自分を表現する怖さは、アイドルだけではなく、ブログや絵でも同じだと思います。

「ありのままの自分でいいんだよ」といった言葉を耳にしますが、実際に自分の魅力を社会に表現しようとすると、本当に難しい。関わる人やみてくれる人が増えるほど、怖さも増すと感じます。

私は、本を出して以降、ちょっとした発信にも慎重になったんですね。

ブログにコラムを書いていた頃は、内容も口調も気ままだったけど、「先生」として人前に立つ場面が増えるにつれて、真面目でよく考えた内容しか言えなくなった。

専門家なのだから誤った発言をしてはいけないのだけど、それにしたって恐れは厄介で消耗を招き、でも、インタビューもコラムも大勢の人がみるのだからと思うと、どうにもできなかったです。

できる限り「自分のまま」で、社会に存在していたい。役割だけで存在するのではなく、矛盾や複雑さを持つ生身の自分で、人とつながりたい。

そんな思いが頭をかすめていた頃、ある打ち合わせに「今日の気分はこれ」という服を着て行きました。

雪のように真っ白なカーディガンと、春めいたレモンイエローの、ふんわりしたロングスカート。ふだんなら、初打ち合わせでは紺色のタイトスカートとカーディガンぐらいの堅い格好をするんですが、その日はなんとなく、ふんわりしたい気分で。

すると先方が「バリバリやる方なのかと思っていたら、可憐な方でびっくりしました。黄色がラッキーカラーですか？」とおっしゃったんですね（名刺もマスクも黄色です）。

その打ち合わせを通して、自分の柔らかな部分も、仕事が大好きなバリバリした部分も、どちらも「いいものだ」と思えたんです。

そう思えて初めて気づいたのですが、それまであまりバリバリした面は出せず（カウンセラーがバリバリしてると相談しにくいかなと）、かといって、先生として人前に立つ以上ふんわりにもなりきれず。どちらの面もなんとなく抑えたまま、社会に接していたん

ですね。

バリバリした面も、ふんわりした面も、どちらもＯＫ。

相反するふたつがＯＫなんだと腹落ちしたとき、背筋が伸びて力が湧きました。

魅力を発揮する
(2)「ふつう」から外れた先で、人々と出会う

気質を含めた生まれつきの資質に、育った環境とこれまでの経験がブレンドされて、ひとりひとりちがう色を、ちがう配合で持ち合わせているのだと思います。

空も花も、美しいものは、様々な色を同時に持っていますね。

葉っぱひとつとってても単一色ではなく、濃い緑も薄い緑の部分もあり、ところどころ黄色や白も入って、全体で美しい。

可愛らしいところもカッコイイところも、やりすぎちゃうところも、ぐだぐだしてい

ることころも。その人ならではの配合で様々な色がみえていることが「その人らしい」魅力になるのだと思います。

こういう自分はOK、こういう自分は表に出しちゃダメというのは、色を塗りつぶしてしまう行為なんですね。OKと思える色で、NGだと思う色をベタリと覆ってしまう。

それはすごく、もったいないです。


虹プロジェクトのメンバーのステージを何度もみたのですが、みるたびに印象が変わるんです。最初はただただかわいらしく思えたメンバーも、もう一度みると「この子、このステージのときに闘志が湧いていたんだな」とか。

みるたびに発見があり、何度もみたくなる。容易に消化しきれず心に残る。

それは、その人の持つ多様な面が、同時に表れているからなのかなと思います。


「こんな自分はどう思われるだろう」という恐れは、オリジナルの色に、曇りガラスのようにフィルターをかけます。思い切って表現すべきところで奥へ引っ込んでしまう。

まわりに合わせようとしたら、ぼやけてしまう。

みられ、評価される恐れを突破し、「楽しみたい」「伝えたい」と自分の思いに集中して表現できたとき、その人だけの特別な配合が、どの色も濃くはっきりとみえます。

私も、ありのままの自分を出そうとすると、嫌われるんじゃないか、変だと思われるんじゃないか、人が離れていくんじゃないか……、と怖いけれど、ＮｉｚｉＵをみて「魅力って、人とのちがいのことなんだなぁ」と思ったんです。

ＮｉｚｉＵのメンバーだって、魅力となるポイントにおいては決して「ふつう」ではないから。

表に出した面がどうとられるかは未知数だけど、魅力を発揮するとは、ふつうから外れ、外れた先で「それっていいね。素敵だね」と言ってくれる人たちと新しく出会う、ということなのだと思います。

大切にすることは、大切にされること

繊細な友人にとあるお茶屋さんを勧めてもらい、いそいそと出かけてきました。

表参道にある、櫻井焙茶《さくらいばいさ》研究所。

商業ビルの中にある小さなお茶屋さんです。

入り口の扉をくぐると、控えめな照明とカウンター席が6席ほど。カウンターの向こうには茶道の釜《かま》があり、ブクブクとお湯が沸いています。


メニューから玉露《ぎょくろ》を選ぶと、「まずは香りをどうぞ」と蒸らした茶葉を勧められ、ほんのりあたたまった白磁《はくじ》の器に鼻を寄せて「うわっ」と声が漏れました。

想像していたお茶の香りではなく、濃い昆布出汁のような香りだったのです。

一煎《いっせん》目は低い温度で、二煎目からは高い温度で。

とてもお茶とは思えない、出汁のような濃厚なうまみに、うわぁうわぁと驚いていると、それまで真剣な面持ちだった職人さんが笑って、玉露の甘みを引き出すために栽培方法を工夫していることや、お茶を出すときの温度などを教えてくださいました。

お茶処だけれど、「研究所」と名のつく通り、茶道と科学の両面からおいしさを探求している。そんな印象を持ちました。

店内の賑わいがみえるように、カフェは客席が外から丸みえのつくりが多いと思うのですが、櫻井焙茶研究所は、カウンター席に座ると通路や他のお店がみえません。ゆったりと落ち着いた店内だけが視界に入る構造になっています。

商業ビルなので、お手洗いへ行くにはお店の外に出る必要があるのだけど、外へ抜けるドアは背が低く、かがまないと通れない。茶室をイメージして、このようなつくりにしたそうです。

お茶のおいしさをとことん探求し、それを味わう空間までデザインされている。思想が具現化された空間で、ほぅっと感嘆するうちに、「人間はたくさんいたんだ」という思いがよぎりました。

少し話が飛ぶのですが、私は、人間の心に触れたくてカウンセリングをやってきたようなところがあります。

人間の心はどこまでも興味深く、あたたかい。もっと知りたい、もっと触れたい。それが動機で何百人もの人と話してきました。

私にとってカウンセリングとは、相談者さんの心をまんなかにおいて、ご本人と私とで、心の動きを一緒にみつめる行為です。ひっかかって動けないところがあれば、時には親子関係までさかのぼって要因をひもとき、相談者さんが行きたい方向へ行けるようにサポートする。

カウンセリングは心の動きをありありとみつめる時間ですが、日常の中で、そんなふうに心をはっきり感じることは少ないのです。

たまに入るお店や営業の電話で、「人間っぽくないな」と思うことがあります。敬語なんだけど、視線も意識もここにはない接客を受けたとき。明るい声なんだけど、マニュアルの鎧でガチッと固められていて「それが仕事なんだな。どんな相手にもこのテンションで答えているんだな」と思えるとき。

相手が誰であっても関係なくなっているというか、心の動きを封じた応対を受けると、自分が人間ではなくなる気がして、心が硬くなります。

いつも明るく丁寧な接客を求めているわけではないのです。店員さんたちが冗談を言い合っていてもいいし（むしろそんなお店が好き）、気だるそうな人がいてもかまわない。今日はちょっと調子悪くて、とか、このお客さんイヤだな、というのがあってもいいから、自然に感情が動いている人であってほしいです。忙しくいろんなお客さんがいる中で、大変なことだと思うけれど……。

お茶屋さんで職人さんをみていると、とても強く「人間がいる」感じを受けました。ブクブクと沸き立つ釜からひしゃくでお湯をすくい、茶器《ちゃき》に入れて待つ。適温になったお湯を茶葉にまわしかけ、最後の一滴までトッと器にそそいでくれる。真剣な所作から「こう淹れたらおいしいんだ」という信念が伝わるようで、かけがえのないものを目の前にしているような、「このお店が現代にあって良かった。ありがとうございます」と手を合わせたい気持ちになりました。

お茶屋さんを出て、余韻《よいん》を味わいながら歩いていると、ふいに、

『なにかを大切にすることは、大切にされること』

という言葉が湧き上がってきました。

つい「誰かのために」と思いがちだけど、それは二の次でいいのだと思います。櫻井焙茶研究所のように「心惹かれるものをとことん探求し、大切に慈《いつく》しむ」ということは、それに触れた人たちにあたたかい気持ちを呼び起こす。

私が職人さんとお茶屋さんに敬意を抱いたように。繊細な友人がお茶屋さんを勧めてくれたように。

なにかを大切にすることは、大切にされること。

自分の心が動くものを大切にすることは、そうして生み出されたものと、それを生み出した自分とが、どちらも大切にされることなのですね。

なんだ、そうだったのか。そうだったのか……。

大切なことに気づけた気がして、心に生まれたあたたかい感触を、ほこほこと噛《か》みしめていました。

思い出がかおる

とある雑誌のインタビューで、繊細さんの幸せについて話したときのこと。

ライターさんご自身も繊細さんだそうで、インタビュー終わりに、

「武田さん。私、実はね、幸せな時間が毎日3つあるんですよ」

と、照れながら教えてくれました。

「朝起きて、珈琲を淹れる香りで幸せ。アパートの窓の外に木があって季節を感じられるから、その木を眺めて幸せ。夜にお布団にもぐりこんで、シーツの感触で幸せ。

仕事でいろんなことがあるけど、『この3つを感じられていたら私は大丈夫だ』って思うんですよ」

電話越しのインタビューだったのですが、ふっくらと円熟した声からその方の微笑みが想像できて、とても素敵でした。

私もそのように生きられたら幸せだなと思います。


休みの日の朝、頭がぼんやりしたまま、ぽんぽんとタオルをたたんでいました。リラックスして指先がぽかぽかしてきます。

昨日までは「もう出かける時間なのに靴下がみつからない。どこに行っちゃったんだろう」となっていたけど、ソファに山盛りの洗濯物が小山になるにつれ、3組も出てきました。

そんなゆるやかな時間を過ごすうちに、ふと「思い出を作っていきたいな」という気持ちが浮かびました。


幸せってなにかな。どんなときに幸せを感じるかな。

迷ったときも順調なときも、たびたび幸せについて振り返ります。

本を読んで幸せ。外が晴れていて幸せ。ミルクティ色のあたたかいカーディガンを着て幸せ。

私は暮らしがとても好きです。

一方で、たびたび思い出すシーンって、仕事終わりに「雨が上がって良かったですね」「ほんとですね」と言葉を交わしたことや、カウンセリングのときの相談者さんのご様子、つりーさんと娘がキャッキャと遊んでいるのをみるときなど、「人と関わってきた場面」なのです。


以前、おみやげにチョコレートをいただいて、薄い水色の小箱がかわいかったので、玄関において鍵入れにしています。外へでかけるときも、家に帰ってきて鍵をぽんと入れるときも「いただいたチョコの箱だ」と、ほわっとします。

お気に入りのマグカップは、小学生の頃、友達が誕生日プレゼントにくれたもの。かれこれ20年以上、ずっと一緒にいます。

冬のダウンコートは、社会人2年目のときに会社の同期と買いに行ったもの。

晴れた日に羽織って出かけると、ダウンが太陽であたたまって、干したてのお布団にくるまれているような牧歌的《ぼっかてき》な気持ちになります。

10年以上着ているけれど、いまだに、ショッピングモールで試着した風景や、その同期と会社帰りに飲みに行ったこと、ケンカしたことを思い出します。

チョコの箱やマグカップや、お布団みたいなダウンコート。

記憶の鍵にふれるたび、日々の中で、ほわっほわっと思い出がかおります。

記憶がセピア色に薄れても、プレゼントをくれた相手と会うことがなくなっても、あたたかい思い出の手触りというか、ほわんと優しい感じが、あり続けます。

毎日どこかでいい匂いがする。


私は、まだまだ人間関係に不慣れです。

思ったことを口にしても大丈夫なんだとわかって、少しずつ雑談できるようになったけど、ライトな話はできなくてすごく下手だし、人と関わることにも慎重です。

仕事でもプライベートでも、これからもいろんなことがあると思うけど、ゆるやかに長い目で、人間というものを探究していけたら。関わった人たちと仲良くなっていけたらいいな。

ほわんと思い出がかおるような人間関係を、たくさん作っていけたらいいなと思っています。

コラム

本音の見分け方

最後に、本音の見分け方を3つご紹介します。

幸せなほうへ向かうには、自分の本音を見分けることが大切です。

本音は「自分が嬉しいのはどの選択か」を教えてくれます。幸せへ進むためのコンパスになってくれるのです。

繊細さんは、世間の声やまわりのニーズを察知しやすいぶん、自分の本音が見えにくくなりやすいですから、どれが本音でどれが世間の声なのか、注意深く見極めていきましょう。

本音を知る方法（1）言葉を手がかりに読み解く

「こうしたい」と思っているのか「こうしなきゃ」と思っているのか。

言葉を手がかりに、本音を見分けることができます。

まず大前提として、本音を見分けるとは、それが「心の声（＝本音）」なのか、「頭の声（＝思考）」なのかを見分けるということです。

23ページで、人間は「頭」「心・身体」からできていて、「頭」が過去から未来をシミュレートし「〜すべき」「〜してはいけない」といった言い方をするのに対し、「心（＝身体）」は「今・ここ」に焦点をあてて「〜したい」「〜したくない」「好き」「嫌い」という言い方をする、という精神科医・泉谷閑示先生の説をお伝えしましたね。

「こうしたい」は、本音の可能性がありますが、「こうしなきゃ」は、頭の声。「本当はそうしたくない」ということです。

たとえば、「家でゆっくり寝ていたいけど、会社に行かなきゃ」の場合。
「家でゆっくり寝ていたい」は「〜したい」なので、本音。
「会社に行かなきゃ」は「〜しなきゃ」になっているので、本当は行きたくないということです。

本音を知る方法（2）体感覚で見分ける

口では「こうしたい」と言っていても、本心ではない場合があります。たとえば「資格の勉強をしたいけど、なかなか手が伸びない」などです。

言葉と体が一致しないときは、体感覚をもとに本音を見分けていきましょう。

「〜したい」とつぶやいてみて、そのときの体の状態を感じてみてください。

本音は、

- **受け止めたときにほっと安心する**
- **ふわっと心が軽くなる**
- **楽しみになる**

など自然で明るい感じがするものです。

もしも、

- **義務感がある**

- **切迫感がある**
- **消耗する感じがする**
- **窮屈な感じがする**
- **体がこわばる（呼吸がしにくくなる、肩がきゅっと上がるなど）**
- **ギラギラと獲物を狙う感じがする**
- **強い高揚感がある**

など、ほの暗い感じがするのなら本音とはズレています。

本当はやりたくないのかもしれないし、やりたい形ではないのかもしれません。

「本当はどうしたい？」「ベストな状態はどんなだろう？」と自分にたずねてみてくださいね。

「仕事でもっと成果を出したい」「趣味の〇〇でまわりの人に認められたい」「自分を傷つけた相手に仕返ししたい」などと思ったとして、そこにギラギラ感や強い高揚感がある場合には注意が必要です。

これらは一見ワクワクと似ていますが、全く別のもの。言葉としては「〜したい」であっても、実態は「〜すべき」という思考です。

過去の飢えを満たそうとする「渇望《かつぼう》」や、「成果を出せる私であれば、生きていてもいい！（成果を出せない私は、生きていてはいけない）」といった自分への厳しい条件であり、「ありのままの私で大丈夫」という安心感とは逆方向へ進もうとしています。

本音を知る方法（3）自分と対話する

「迷っていることがあるけれど、どうしたいのか自分でもよくわからない」という場合は、幼い自分をイメージしてその子に聞いてみましょう。これは自分の本音と直接対話する方法です。心の中から反応が返ってきますよ。

1．おなかのあたりにぐーっと意識を集中して、幼い頃の自分をイメージします。

2．イメージした幼い自分に、迷っていることを聞いてみます。
たとえば、「ねぇねぇ、勉強したい？」と聞いてみる。
幼い自分が勉強しているようなイメージが湧いたら、勉強してもOK。逆に、「やだ！」と言われたり、むくれて何も答えてくれなかったりするなら、イヤなのですね。

イメージしたその子こそ、自分の本心です。

その子を守る優しくたくましい親になったつもりで、眠る・遊ぶ・チャレンジするなど、幼い自分がしたがることを叶えてあげてください。

なお、幼い自分は心そのものなので、「ヤダ！」「好き」「いいよ」など、答えは単語でしか返ってきません。「あの人のこと好き？」「勉強したい？」「挑戦してみる？」など、ＹＥＳ・ＮＯで答えやすいかたちで質問するのがポイントです。

本音に気づいたら、できるだけ叶えてあげてくださいね。

「会社に行きたくない」と思ったら、その日休むのは難しくても、残業を減らして早めに帰る、来週半日休暇をとるなど、できることからでかまいません。

小さなことから少しずつ本音を叶えることで、自分を大切にする感覚がつかめてきて、大きな決断ができるようになっていきますよ。

おわりに

最後までお読みいただき、本当にありがとうございました。ところどころノウハウっぽくなってしまいましたが、感性とともに生きる様子をお伝えできたなら、とても嬉しいです。

このエッセイを書いてみて、心と体に耳を澄ませ、本音を採用し続けることで、必要な変化が起こっていくのだと改めて感じました。

明確な目標を立てて変化する方法もあると思いますが、心と体に任せて「なんとなくこっちのほうかな」と、いい匂いのする方へ進む。そういう進み方もいいよね、と思っています。

ちょっとした違和感を見過ごせないことから、体感覚で本音を見分けることまで、繊細な感性は、私と不可分です。

空の青さを味わったり、相手の優しさにじーんとしたり、興味のあることをとことん探究したり。全身で感じること、存分に深く考えていくことは幸せの源であり、大切にして生きていきたいです。

繊細さんか非・繊細さんかにかかわらず、のびのびとその人自身でいられることを、私はすごくいいことだと思っています。

自分のままで生きるというのは、効率や評価などの「他者からみた成果の話」ではなく、「自分のままでいると、嬉しくて自然と優しい気持ちになれるんだ」という、「自分からみた幸せの話」なのだと思います。

いくつもの偶然が重なって生まれてきた命です。誰もが自分自身と遠く離れることなく、その人自身として生きることができる世界でありますように。

大変なときもそうではないときも、あたたかい気持ちで、人々がつながりながら生きていけますように。

願いと意思を込めて。

もうすぐ春の自宅にて　武田友紀

参考文献

『敏感すぎる私の活かし方　高感度から才能を引き出す発想術』
エレイン・N・アーロン（著）、片桐恵理子（訳）　パンローリング

『「普通がいい」という病』
泉谷閑示　講談社

『「心=身体」の声を聴く』
泉谷閑示　青灯社

『ひといちばい敏感な子』
エレイン・N・アーロン（著）、明橋大二（訳）　1万年堂出版

『HSCの子育てハッピーアドバイス　HSC=ひといちばい敏感な子』
明橋大二（著）、太田知子（イラスト）　1万年堂出版

『トランジション　人生の転機を活かすために』
ウィリアム・ブリッジズ（著）、倉光修（訳）、小林哲郎（訳）　パンローリング

『ユングの心理学』
秋山さと子　講談社

『幸福の習慣』
トム・ラス（著）、ジム・ハーター（著）、森川里美（訳）　ディスカヴァー・トゥエンティワン

『ララマル　山口由起子オフィシャルブログ』
https://ameblo.jp/yamaguchiyu/
『反貧困　「すべり台社会」からの脱出』
湯浅誠　岩波書店
『分断社会を終わらせる　「だれもが受益者」という財政戦略』
井手英策（著）、古市将人（著）、宮﨑雅人（著）　筑摩書房
『発達性トラウマ障害と複雑性ＰＴＳＤの治療』
杉山登志郎　誠信書房
『その生きづらさ、発達性トラウマ？　ポリヴェーガル理論で考える解放のヒント』
花丘ちぐさ　春秋社
『対人関係療法でなおす　トラウマ・ＰＴＳＤ
問題と障害の正しい理解から対処法、接し方のポイントまで』
水島広子　創元社
『対人関係療法でなおす　気分変調性障害
自分の「うつ」は性格の問題だと思っている人へ』
水島広子　創元社

『ポリヴェーガル理論入門　心身に変革をおこす「安全」と「絆」』
ステファン・W・ポージェス（著）、花丘ちぐさ（訳）　春秋社
『セラピーのためのポリヴェーガル理論　調整のリズムとあそぶ』
デブ・デイナ（著）、花丘ちぐさ（訳）　春秋社

〈著者紹介〉
武田友紀　HSP専門カウンセラー。自身もHSPである。九州大学工学部機械航空工学科卒。技術者として大手メーカーで研究開発に従事したのち、独学でカウンセラーとして独立。

GENTOSHA

雨でも晴れでも「繊細さん」
2021年4月20日 第1刷発行

著　者　武田友紀
発行人　見城 徹
編集人　森下康樹
編集者　岩堀 悠

発行所　株式会社 幻冬舎
〒151-0051 東京都渋谷区千駄ヶ谷4-9-7

電話：03(5411)6211(編集)
03(5411)6222(営業)
振替：00120-8-767643
印刷・製本所：株式会社 光邦

Printed in Japan
ISBN978-4-344-03782-3 C0095
幻冬舎ホームページアドレス　https://www.gentosha.co.jp/

この本に関するご意見・ご感想をメールでお寄せいただく場合は、
comment@gentosha.co.jpまで。